陈廷 / 编著

做个"坏"父母教出好孩子

中国华侨出版社

图书在版编目（CIP）数据

做个"坏"父母，教出好孩子/陈廷编著.—北京：中国华侨出版社，2012.1
　ISBN 978-7-5113-1924-1
　Ⅰ.①做… Ⅱ.①陈… Ⅲ.①家庭教育 Ⅳ.①G78

中国版本图书馆 CIP 数据核字（2011）第 243368 号

● 做个"坏"父母，教出好孩子

编　　著/陈　廷
责任编辑/梁　谋
经　　销/新华书店
开　　本/710×1000 毫米　1/16　印张 15　字数 220 千字
印　　数/5001-10000
印　　刷/北京一鑫印务有限责任公司
版　　次/2013 年 5 月第 2 版　2018 年 3 月第 2 次印刷
书　　号/ISBN 978-7-5113-1924-1
定　　价/29.80 元

中国华侨出版社　北京朝阳区静安里 26 号通成达大厦 3 层　邮编 100028
法律顾问：陈鹰律师事务所
编辑部：(010) 64443056　64443979
发行部：(010) 64443051　传真：64439708
网　址：www.oveaschin.com
e-mail：oveaschin@sina.com

前 言

每个孩子的开始就如同一张白纸，需要大人们正确的引导。既要充分尊重他们，又要让他们懂得分辨是非。我们不仅不应该一味地去评价孩子的好坏，更不应该用世俗的标准来为孩子制造框架或打上标签。

真正优秀的父母，是需要同孩子一起不断学习和成长的。父母们首先要从内心接受自己"家长"的角色定位，才能真正感同身受地承担起好家长、好父母的职责。

现在的孩子信息面广、接触面大，作为家长，如果想要了解孩子在关注什么、想些什么，就应该具有创新的思维、活跃的意识、开明的思想，换句话说，就是做个孩子眼中乐观、积极的成年人。

在本书中，"坏"父母的"坏"与我们传统概念中的坏可谓大相径庭，"坏"父母懂得将孩子的幸福观融入于对孩子的教育中；"坏"父母还能够不动声色地便让孩子从艰苦中锻炼出自立的能力；"坏"父母还很会偷懒，凡事都放手让孩子去干；"坏"父母还非常"狠心"，面对孩子的眼泪，他们不但总是表面上无动于衷，甚至内心还在窃喜，因为他们深知，孩子不经历挫折不成才；"坏"父母还是个大孩子，会突发奇想，喜欢异想天开，他们不会轻易否定孩子的想法，甚至比孩子对梦想都更为执著……

读完本书你就会发现，其实"坏"父母才是真正可爱的父母，"坏"父母们的教子之道，值得当下父母们借鉴。

目 录

第一章 孩子够不够好，取决于你会不会教

> 每个家长都希望自己有个好孩子，而似乎无论是过分的溺爱还是严厉的管教，孩子们都依然遵循着自己的成长轨迹，难以达到家长们眼中"龙"、"凤"的标准，是我们的教育出现了盲点吗？是否应该尝试做个"坏"父母呢？

走出"严教"的误区 …………………………………………… 2
惩罚，请三思 …………………………………………………… 5
孩子为什么需要父母"坏" ……………………………………… 8
用孩子的幸福观去教孩子 …………………………………… 12
只做父母，不做家庭教师 …………………………………… 16
榜样的力量 …………………………………………………… 19

第二章　钱财是把双刃剑，培养正确金钱观

> "梅花香自苦寒来"，孩子早晚要去独闯一片天地，与其让他们那时面对挫折懦弱无助，不如让他们从小就磨炼出直面人生的能力和本事。

都是金钱惹的祸 …………………………………………… 26
宝贝，我们破产了 …………………………………………… 29
别让孩子认为"前途＝钱途" …………………………………… 32
无奈——"草莓族"、"啃老族" ………………………………… 34
有钱难买幼时贫 …………………………………………… 39
金钱来之不易，付出劳动才能得到 ………………………… 42
培养心里有数儿的小当家 …………………………………… 46
零用钱是要"挣"的——有偿生活机制法 …………………… 50

第三章　懂得放手，让孩子在摔打中成长

> 懒妈妈胜过好妈妈，别小瞧了孩子，更别高估了自己，不是所有事你都能做得比孩子好，请相信，有一种爱，叫做放手。

别把每个孩子都当天才 ……………………………………… 56
让孩子独立思考 …………………………………………… 60
自己的事情自己做 …………………………………………… 64
宝贝，这次妈妈听你的 ……………………………………… 67

培养孩子的计划能力，监督就好 ································ 71
不"侵略"孩子的领土 ·· 74
鼓励家务小能手 ·· 79
背上行囊，妈妈送你远行 ······································ 82

第四章　溺爱多祸害，娇儿难成才

> 自古娇儿难成材。塑造孩子独立的性格和理性的思维习惯，是父母赠予孩子一生享用不尽的财富。做个不溺爱孩子的父母，才称得上是真正爱孩子的父母。

"适当不满足"的艺术 ·· 88
让孩子懂得吃苦的珍贵 ·· 92
告诉孩子，吃亏是福 ·· 95
跌倒了不许哭，自己爬起来再走 ······························ 99
教孩子学会选择与放弃 ·· 103
教孩子学会有选择地交友 ······································ 106
客观地赞赏孩子的优点 ·· 109
及时纠正自负心理 ·· 113

第五章　恩威并重，严格与慈爱同等重要

> 在孩子面前，不要做权威，也不能落后于旁人。让孩子怕你有度，敬你有据，爱你有理，才是做父母的良道。

"炫耀"的收获——让孩子为你骄傲 …………………… 118
向孩子索要"爱" ………………………………………… 121
孩子，请像我们爱爷爷、奶奶那样爱我们 …………… 125
培养孩子的规则意识 …………………………………… 129
孩子，这个你来教妈妈 ………………………………… 132
宝贝，你能开画展 ……………………………………… 135
逆反：越逆越反，越反越逆 …………………………… 138

第六章 不走寻常路，做个孩子眼中的另类家长

> 请永远记住，孩子不会喜欢一成不变、循规蹈矩的东西。
> 只有不走寻常路的父母，才能时刻带给孩子充沛的活力。好奇是孩子的天性，"坏"父母们如果也能保持住这一天性，就可以与孩子共同成长。

"诱惑"的魔力 …………………………………………… 144
妈妈的"谎言" …………………………………………… 148
善于引导孩子淘气的冲动 ……………………………… 152
与孩子签协议是个好方法 ……………………………… 155
孩子说"不"，我说"好" ……………………………… 158
和孩子一起"追星" ……………………………………… 163
孩子，爱情你可以懂 …………………………………… 166

4

第七章　保持恒久童心，成为孩子心中的"大孩子"

> 只有学会做孩子的玩伴和朋友，才能真正理解孩子们在想些什么。别总是居高临下地教导孩子，孩子不会愿意永远仰着头看你。

把自己也当成小孩子 …………………………………… 172
孩子，我们最好能"玩儿"到一起 …………………… 175
异想天开又何妨 ………………………………………… 179
跟孩子一起体会简单的美感 …………………………… 183
孩子当道，一切从"慢" ……………………………… 187
工作狂？请回到办公室去 ……………………………… 190
宝贝，周末是属于你我的 ……………………………… 195

第八章　全情付出，"坏"家长的爱也是真诚的

> 真正的爱，不是管教和唠叨，而是一种发自内心的尊重和理解，另外别忘了，为你的爱留下一些可以捕捉到的"证据"，让它们随时能够温暖孩子的心。

"尊重"是第一道沟通的桥梁 …………………………… 200
送给孩子一本书 ………………………………………… 204
不怕你的"为什么" …………………………………… 207
不攀比，不伤害 ………………………………………… 212

认真对待孩子提出的个人看法和要求 …………………… 216
拍摄孩子的成长轨迹 …………………………………… 219
孩子，告诉你我的秘密 ………………………………… 223
为实现孩子的梦想，一起努力 ………………………… 226

第一章
孩子够不够好，取决于你会不会教

每个家长都希望自己有个好孩子，而似乎无论是过分的溺爱还是严厉的管教，孩子们都依然遵循着自己的成长轨迹，难以达到家长们眼中"龙"、"凤"的标准，是我们的教育出现了盲点吗？是否应该尝试做个"坏"父母呢？

走出"严教"的误区

不知道大家还记不记得这样一个故事,这个故事曾经被翻拍成了电视剧,引起了不少家长对教育的反思:

一位单亲妈妈含辛茹苦地养育着女儿,女儿是她的唯一希望,但望女成凤的心理和对于女儿严格的教育使妈妈的母爱让女儿喘不过气来,打骂成为了妈妈管教女儿的家常便饭,除此之外,女儿的一切妈妈都要干涉,女儿的一言一行妈妈也都非管不可。到了高三这一年,面临着人生中的头一件大事——高考,几近扭曲的母爱使女儿的心中早已埋下了仇恨的种子,当女儿再一次误会了妈妈"爱的表达"时,女儿举起了尖刀,而本想自杀的女儿却在撕扯中无意中将刀插入了妈妈的胸膛……

"打是亲骂是爱,不打不骂是祸害"、"树不修不成料,儿不打不成才"、"舍不得重打,上房揭瓦"用打骂的方法教育孩子,就是许多家庭世代相传的"教子经验"。很多爱孩子的家长,时至今日也还在坚信着"棍棒底下出孝子",怀着满腔的爱,却在用恨的方式对待孩子,奉守着"严教"的法则和定律。

当被问到为什么要打骂孩子时,许多父母的回答都是"孩子不听话",打骂孩子相信其实并非是许多父母的本意,家长们之所以面对亲生骨肉下得拳脚,实在是一种无奈。打骂孩子基本上都会后悔,但是到了下一次,一遇到所谓的"忍无可忍"的情况,手就还会忍不住打向孩子。而教育专家们却一针见血地点醒了不少"严教"的家长:父母在打骂孩子的时候,总是把原因全部推到孩子身上,认为是孩子逼自己这样去做的，却很少去寻求其他的方式来教导孩子，这难道不是父母们一相情愿的悲哀吗？

另外还有一个故事也能引发我们对"严教"的反思：

一位母亲在回忆自己的教子经历时，对许多事都万分悔恨，她说："记得有一次，儿子没做作业而且还撒了谎，老师来向家长告状，我挨了老师的训，心里特别不痛快，回来严厉地问他为什么不好好学习，为什么不做作业，儿子竟然怎么问都不吭声，一气之下，我竟然跟爱人一起把儿子赶出家门，威胁说不要他了，儿子两手死死拉着门把手，我们两人一个拉，一个抠他的手，直到把他推到门外为止，可到现在我脑海里还在时不时地浮现出儿子绝望的眼神。还有一次，幼儿园老师们中午让孩子脱了衣服睡觉，怕把被子弄脏了，其实3岁的孩子脱了衣服再穿上是很麻烦的，老师告状说我儿子醒来后总不穿衣服，我就觉得丢人，觉得他故意偷懒，搞特殊，我就对他喊：你为什么不穿衣服？孩子浑身发抖，两只眼睛瞪着我，我觉得当时他被吓坏了，我都不知道自己的严厉是从哪里冒出来的。"

当父母们用伤害孩子心理感受又极端严厉的方式来解决问题之后，就会用"恨铁不成钢"的说法来为自己的严教开脱，其结果却往往事与愿违，造成了许多不可弥补的后果。一个在战战兢兢中长大的孩子，会渐渐发展出许多负面的行为，例如由于不敢表达自己真实的感受，便形成了谎话随口即来的坏习惯；有需求不敢说，就渐渐演变为偷窃，甚至偷窃癖等心理疾病。从心理学角度来讲，家长粗暴高压，会导致本来性格倔强的孩子产生抵触意识和尖锐的对立情绪。

所以归根结底来说，不管用什么管教方式来对待孩子，其责任都要由家长来承担，而不是孩子。

但不少家长会感到疑惑，如果把棍子收起来，将严厉变成一种适度的"妥协",是不是又会宠坏了孩子呢?

事实上,有些父母时常感到很为难,因为除了以打骂为标志的"严教"之道以外,他们似乎总是难以找到更为有效且较易实行的育儿方法,但有一点却毋庸置疑,那便是随着时代在变,观念在变,家长管教孩子的方法也应该逐渐变通,变得更具亲和力及艺术感。

天下父母无不祈盼孩子成龙成凤,但要想教育好孩子,首先必须走出"严教"的误区,必须对孩子循循善诱,以德服人,以情动人,以理育人。

所以,父母们不妨采取一些特立独行的方法,抛开传统的教子观念,避开那种"严教"。毕竟,亲切灵活的父母比起一个整日严肃认真的严厉父母来说,可是可爱多了。比如,当父母们觉得孩子犯了错误或者有了错误的认识,应该管教一下的时候,与其把孩子拉过来打一顿屁股,让孩子不明所以地哇哇大哭一通,不如先明确地告诉孩子错在哪里,怎样是对的,再采用一些有效的惩处措施,比如给孩子分配一些力所能及的家务,或是带着孩子到社区中去做义工,让孩子在做正确的事情的过程中逐渐体会到自己之前的错误之处。

无数案例向我们证明,每一个孩子都有着与生俱来的上进心,懂得教育的父母应善于发现孩子的优点和长处,使他们崇尚先进,主动要求进步,为人父母,必须尊重孩子的个性,因材施教,只有因材施教,主张个性发展,才能使孩子们学会扬长避短,早日成才。成功的父母应该是拒绝打骂和暴力的父母,应该是能够给孩子的成长创造快乐空间的父母。教育孩子应该尊崇说服为先的原则,不能一味地采取压服的手法,需要用博大的爱来交换爱,用深厚的信任来交换信任,也只有走出"严教"误区的家长,才称得上是合格的家长,也唯有这样的父母,才能教育出成功的孩子。

"坏"父母妙招

对犯了错误的人采取不理睬的态度，让他们自己去进行反省，"坏"父母不妨也可以对孩子采取这种方式，如果能让孩子自己找出错误的原因，则能得到更加深刻的认识。

惩罚，请三思

在孩子漫长的成长道路上，父母对孩子进行适当的管教可以说是必须的。现在的父母，已经很少有"棍棒底下出孝子"的传统观念了，相反，更多的父母对孩子也总是赞美居多。然而在孩子做错事情的时候，父母应该做到"奖惩分明"，所以面对孩子，怎样惩罚，什么样的惩罚适度，则非常值得讨论和深思。

事实上，适度的惩罚能达到良好的教育效果，使孩子懂得何为犯错，该怎样改错，但是过度的惩罚就可能成为"严教"一族，使孩子产生反抗情绪。一旦家长使用的惩罚手段不仅伤害了孩子的身体，还伤及了孩子的内心，那恐怕会造成无可弥补的后果。

此外，不适度的惩罚还会给孩子带来许多负面的影响，导致孩子形成一些错误的思想，相信下面的例子许多家长和孩子都深有体会：

学校里有些班级常常出现这样的怪现象：第一节是班主任的课，课堂上总是静悄悄的，很多学生甚至连大气儿也不敢出，专心听讲，表现得特别守纪律，而第二节是科任老师的课，情况就截然相反了，学生简直可以称得上是大闹天宫，表现出一副不是班主任的课，好不容易可以放松一下了的样子。

试问，为什么学生如此害怕班主任呢？正是因为孩子们害怕惩罚，是不当或过度的惩罚让学生学会了依赖外界的刺激，没有了自己的主见。

此外，我们在惩罚孩子的时候还会犯主观的失误，并且固执己见，往往只看到孩子的缺点，有时会把责任全强加在孩子身上。于是很多孩子只想到的是如何逃避责任，有的孩子渐渐养成了推卸责任的思维习惯。如许多孩子明明做了错事，却谎称是别人做的；或是很多孩子明知道做了错事，却假装什么也没发生过，故意隐瞒自己做过的一切，甚至欺骗父母。过度以及微小的事情所带来的惩罚令孩子完全失去了主观判断的能力，让他们无从分辨错误的大小和性质，只记得住犯了错就会受到惩罚，以至于不择手段地应对。

说了这么多，那么究竟怎样的惩罚才合适呢？面对惩罚，我们又该如何三思而行呢？或许下面的例子能带给父母们一些启示：

王女士的儿子调皮捣蛋得很，一次，他在前排同学回答问题的时候将几颗图钉放到了那位同学的凳子上，结果那位同学坐下时被扎了，疼得大叫，老师将此事告诉了王女士，王女士气得命儿子两天不许吃饭，在厨房站一夜。老师知道了王女士对儿子的惩罚举措后大为吃惊，赶紧劝王女士不要用这种方式惩罚孩子，太重了。可王女士却觉得儿子过于调皮，轻了根本记不住。于是老师便出主意让王女士的儿子每天负责接送那位受伤的同学上下学，过了没几天，王女士惊喜地发现了儿子的转变，儿子不但总是把那位同学的伤情挂在嘴边，嘘寒问暖，更把家中的创可贴、云南白药带到了学校去给那位同学治病，王女士由此感慨良多，可谓受益匪浅。

这个故事告诉我们，教育的最终目的不是为了让孩子们只懂得服从和赢得大人的欢心，而是要让孩子成长为成年人之时懂得承担责任，如果教育者一开始就能带头敢于承担责任，我想孩子也会慢慢学会负责任的品德、拥有宽阔的心胸。

其实，惩罚并不可怕，也并不是惩罚孩子就一定是错的，在西方，许多对孩子适当的惩罚方式就非常值得中国父母们借鉴。这些方式在许多中国父母们的眼中或许还有点儿另类，甚至颠覆了中国父母们思想中传统的"好父母"的评定标准，但正是这种"坏"父母的"坏招"，却有着与时俱进的优势。父母们以犯"坏"来惩罚孩子，其实归根结底也是为了达到深刻的教育目的，所以一些所谓的"坏招"反而更能有效地让孩子们认识到自身的错误，并且留下深刻的记忆。

如在大洋彼岸的新西兰，打孩子是违法的行为，因此当地的父母一般都不会体罚孩子。作为一个顽皮孩子的母亲，贝尼一般都会采取冷处理的方式对待孩子在公众场所犯的错误。有段时间，贝尼的儿子总喜欢往花园的鱼池里扔石子，每每儿子这样做，贝尼就会对儿子说："你看看，你把小鱼砸痛了，把水池也弄乱了，水池都不漂亮了吧？"然后贝尼还会要求儿子把水池里他扔进去的石头捡出来。儿子并不是每次都那么听话，有时候也会不管不顾。这时贝尼一般不会强迫他去，反而会自己下去把石头捡出来给儿子看。如果正好碰上儿子闹着要跟他玩儿，贝尼就会借机教育孩子："现在我要去捡石头，没时间陪你玩儿。"这样一说，儿子便会认识到他错误行为所带来的后果。贝尼认为，孩子并非不懂事，他只是控制能力差一点而已，因此，父母从孩子小的时候起就应该先教他学着约束自己。

再如在美国，父母和老师常用所谓"计时隔离"的方式来"惩罚"一时不守规矩的孩子。比如孩子不听话就把他关进他的卧室，让他独自待上几分钟，其实跟我们国内的"面壁思过"大有异曲同工之妙。隔离时间过后，父母们准时把孩子叫出来，并借机进行教育，对督促其改正缺点大为有效。无论是在家中还是在幼儿园，这种教育方法都很有效，而且对孩子具有一定的威慑力。因为孩子一般都具有较强的从众心理和群体感，把犯了错的孩子单独隔离出来一小会儿，会使他们感到自己被区别对待了，并且也暗示他们：淘气是不为大家所接受的。而让淘气的孩子暂时离开，还可以大大缓解大人和孩子之间的紧张气氛，给孩子一个冷静的空间对错误的反思。

总之，惩罚孩子，我们要三思而后行。正在成长的青少年，我们要了解他们的心理，不该一味地管教，更不该一味简单粗暴地惩罚，而是应该真心真诚地与他们合作，才能让他们快乐、健康地成长。

"坏"父母妙招

记住，惩罚并不是最终的目的，最终的目的是让孩子认识到错误，所以，偶尔降低惩罚的力度，让孩子在错误的道路上碰蹬壁，也能有效地使孩子知错就改。

孩子为什么需要父母"坏"

人说难为天下父母，为人父母，自古便是天下最不易的事情。想必许多家长都有下面这位母亲的心声：

我儿子今年上小学六年级，也不知道发生了什么，我总感觉他越来越和我疏远，在学校里他也变得越来越调皮，以前的他虽然一直很活跃，可是从来不会欺负小朋友。最近老师居然向我告状说他甚至开始偷偷地尝试吸烟，并且屡屡打架，成绩更是一落千丈。我的着急心情可想而知，但是每次想和他沟通，他却都是一言不发，最后等我讲完他就回房间，也不辩解什么，更不跟我说他的想法，他爸爸又很少管他，他才上小学哎，这要是到了初高中，不是越大越难管了……

其实，世上任何父母都想做"好"父母，想为孩子付出更多，想成为孩子最好的朋友，想掌握孩子一点一滴成长的动态。然而这样做的结果却往往事与愿违，在我们眼中，孩子变得越来越难以捉摸，对孩子的行为，做父母的则越来越难以理解。

现在，孩子与父母之间的问题越来越复杂，其主要责任应该由父母这一方来承担。父母没有足够的时间来陪孩子，来了解孩子的内心世界，却总是要求孩子能跟自己的步调保持一致，要求孩子满足自己制定的好孩子的标准，试问，孩子终究是孩子，如何能不走偏呢？

还有这样一个例子让许多父母感到悲哀：

有时孩子看事情是十分果断且直截了当的，一位父亲曾经问自己的儿子，为什么他认为自己需要父母，儿子沉思了片刻后回答道："打扫卫生、做饭、管着我。"

看看吧，孩子从未把父母当成自己的伙伴，而这应该怪孩子吗？当父母的价值被孩子天真的小脑瓜仅仅定义于此的时候，我们是否应该反思，究竟怎样才算真正意义上的好父母呢？

在培养孩子的过程中，"成为最优秀的父母"是所有父母们的美好愿望，但它同时也还是一个极大的精神负担，而对父母们来说，真的没有必要给自己施加如此大的压力。其实，换句话来说，我们需要做的只是成为对自己的孩子而言"足够好的"父母，在关键时刻给他们正确且应有的指导，然后让他们自己去争取得到自己想要的，让他们自己去了解，当我们不在身边的时候，他们应该知道掌握什么样的知识和技能才能立足社会，而不是让孩子单单把父母的价值定位于"老妈子"，或只是看管他们的行为的人。

造成上述情形的原因其实是显而易见的，在现代社会中，我们做家长的往往因袭了这样的思维定式，首先考虑的是我们需要什么样的孩子，而忽略了孩子需要什么样的父母……一方面我们对孩子提出很高的要求，同时又冷落着他们，并没有真正注意到他们的内心需求，而是从我们的主观臆断去揣测孩子的心理，从而对于那些在父母观念中不予以理解的想法采取着一概否决的态度；另一方面，我们又在过分地溺爱着他们，恨不得事事都为他们做，事事都顺从他们的意思，一切都为他们安排妥当，面对孩子的自主想法或试图"冒险"的所谓不良行为则一味地压制。正在这样做的父母不在少数，还有很多父母还正在尝试着这样做。

然而孩子究竟需要什么？又究竟需要什么样的父母呢？

有这样一个例子或许能带给我们一些启示：

有人曾拿中国的家长与美国的家长进行了对比，说中国父母普遍在养育孩子上特别小心谨慎，如风来了，赶紧把孩子捂起来；天冷了，赶紧给孩子加衣服，着眼点在保养和呵护孩子的身体，想方设法给孩子创造舒适的生活环境。美国的家长则不同，抱小孩像拎着个背包一样；三五个月大的孩子就被"丢"到了凉凉的泳池里，让孩子戏水；容许蹒跚学步的小孩光着脚在冰冷的海滩拾贝壳；鼓励孩子一只脚踏着滑板车疯跑，着眼点在最大限度地试探生命的承受力，想着法儿让孩子适应周围的环境。而对比的结果到孩子两三岁时就见了分晓。美国的孩子体格健壮，活泼开朗，独立性强，主动而又坚韧，我们的孩子体格文弱，自我保护意识强，腼腆、心眼儿多。

为人父母，我们还有责任训练孩子克制欲望、忍受痛苦以及不慕虚荣的能力。比如说，小孩子很小的时候贪吃，我们就鼓励孩子控制自己对喜爱食物的食量；比如孩子跌倒了或者遇到什么挫折了，我们不急于马上去安慰，而是等孩子稳定下来，我们再参与；比如孩子受到外界价值观的影响开始攀比，我们就逆其道而行之，孩子越想攀比，我们就越降低孩子的物质条件，将攀比之心打压下去等。

我们还常常会听到不少父母发出这样的抱怨："现在的孩子需要什么呢？我们做父母的为孩子做了那么多的事情，孩子怎么一点都不知道领情啊？"自古"不养儿不知父母恩"，试想一下，现在的孩子大都是独生子女，在家里没有一起玩耍的朋友，所以他们有一些思想和感情根本得不到交流，而当他有了烦恼和不良的情绪更需要排遣和发泄时，家长又不能倾听孩子的心理。他们又如何能在小小年纪便懂得回报呢？

真正的好父母，应该看到的是孩子的点滴进步。家长最应该做的要放下架子，成为孩子真正意义上的知心朋友和盟友。不要以为孩子的一切物质要求得到了满足，自己便为孩子做到了一切。所以多抽时间来陪孩子，根据孩子的性格、爱好以及孩子的成长不断改变、提升教育方法才是"坏"父母应有的做法。

"坏"父母妙招

1. 请记住，在孩子们心中，所谓的好父母永远都只是高高在上的父母而已，但"坏"父母则可以成为做游戏时的伙伴、学习时的榜样……

2. 请父母们回想一下自己的童年，是不是希望父母能变得更通情达理一点儿，或是别总那么正襟危坐、不苟言笑呢？那么就请按照你们小时候希望父母的那个样子去扮演好父母的角色吧。别总以"父母"这么严肃的角色自居，那么你就已经是半个成功的"坏"父母了。

用孩子的幸福观去教孩子

其实，相信每一位家长都在不断地为一个问题寻觅着一个标准答案："孩子的快乐究竟是什么？"最近网络上有一个调查，为家长们列出了以下这些在他们看来无法理解的对于孩子们来说难得的快乐：在无所事事的下午打电话，与大人和谐相处，和小狗一起跑步、游戏，付出爱心，随心所欲地帮助有困难的人，在炎炎夏日可以肆无忌惮大口大口地喝冰水，和别人大吵一架，特别是对父母，把想要说的话都说出来，整天做同一件自己喜欢的事，自由自在地一个人独处，每天都不用做功课，跑到草丛里和小伙伴一起捉蚂蚱……

从这些我们不难看出，在孩子们幼小的心灵中，他们是无法承载下像我们大人那般复杂的价值衡量标准的，他们眼中看到的都是那些纯真、光明的事物，孩子们眼中的这种快乐真可谓是无价之宝，也是我们许多大人已经丧失了的对于快乐的定义，所以，大人们在追求快乐的同时，应该充分珍视孩子们的这份快乐，并且最大限度地帮助孩子去营造追求快乐的环境和能力，即用孩子的幸福观去教孩子。

那么，究竟怎样做才能符合孩子们的幸福观呢？

每年的六一儿童节，许多家长都会一相情愿地把图书当做送给孩子的礼物。仅仅是购书时，家长都会感到分外茫然，因为目前市场上的儿童读物不计其数，据统计，我国每年预计会出版1万多种儿童图书，但时下的原创儿童文学有些只流于浅薄的娱乐和搞笑，思想空洞和美学的缺失让图书丧失了对孩子真正的吸引力，试想，这样的礼物怎样能正确地培养孩子们的幸福观呢？

在儿童节，孩子们当然也照例会收到很多除了图书之外各式各样的礼物，一件玩具、一次游乐活动，甚至自己动手做蛋糕等，或许换句话来说，孩子们在这一天还是最有可能接近久违的纯真和快乐的，毕竟在这一天中有很多围绕儿童们的活动、慰问，成人在努力营造一个充满爱心、温馨、和谐的氛围。但是否在这一过程中，作为大人的我们应该反思：难道属于孩子们真正快乐的时光每年都只能有这一天吗？

所以，在儿童节这一天，成人的收获不应该比儿童更少，那便是一份如何为孩子营造真正快乐的反思。

说了这么多，如何才能明确地知道孩子的幸福观是什么呢？

首先，我们应该明确的一点，也是许多家长的一个误区，那就是认为孩子只要无所事事，没有课业的压力就是幸福的。这样想是不负责任的父母，而懂得教育的父母应该明白的是：对于大多数孩子来说，上学是不幸福的根源，这是为什么？我们又该怎样让上学变成一件让孩子感到幸福的事？

一本教家长用孩子的幸福观去教育孩子的书，里面曾举了这样一个例子：

老师问同学们对于他们来说什么是幸福，其中一位男同学站起来说："老师，我的幸福是周末的早晨可以睡个懒觉。"另一个女孩也抢着回答："我的幸福是放长假，到沙滩上去玩。"其他孩子们也开始争先恐后地表述着自己的"小幸福"，孩子们渴望的幸福五花八门：买一大堆零食和玩具坐在床上吃和玩；爸爸妈妈不要老是管教和絮叨；老师少留点儿家庭作业；家里买的彩票得大奖；自己的床在百货大楼里，一边是货架，一边是游泳池……

孩子们是那样真切地渴望着幸福。作为父母，我们应该正确地认识到，孩子是独立的生命体，作为独立的个体，他们会有自己的喜好和权利，而这些不可能永远和父母的一模一样，甚至有时候还会背道而驰，或者无法相互理解。当孩子在成长的过程中逐渐长大和成熟，这种独立性就会越来越突出，孩子们想要按照自己的喜好或者追求自己的利益而行事，是一件非常正常的事情，就像作为父母的大人们也会按照自己的喜好做事一样。而由于年纪尚幼，孩子们通常会有一些十分单纯的愿望，对于他们来说，实现这些愿望是他们对幸福的最直接的认知，但是现实中为什么孩子们总是丧失掉他们美好的小幸福呢？因为有很多时候，当他们表达出他们的愿望以后，几乎每次得到的都是让他们失望的答案，有时甚至诸如"我今天想吃冰激凌，不想吃水果"这样的要求都被大人们驳回了。

还有一些家长把爱当成一种压力给孩子，这样的父母总是习惯性地做孩子生活上的奴仆，但他们的爱却是有偿的，就是希望自己的付出能够得到孩子的回报，而这种回报往往是为了满足父母的虚荣心，如孩子考试成绩要得到全班前十名、比赛要得第一等，这样苛刻的期望就促使他们下意识地紧紧盯着孩子的一言一行，孩子做的每一件不符合他们愿望的事情都仿佛是他们无法承受的损失，从孩子身上无限度地找寻成就感，成为他们的一种需求，却无疑也成为孩子幸福感的掠夺者，甚至给孩子的身心造成严重的伤害。而"坏"父母们却绝对不会这样做，他们希望孩子在一种没有压力的环境中成长，给孩子更多的自由，却能够让孩子明白自由是需要付出一定的努力来换取的。

很多时候我们需要反思，越是自以为懂教育的父母，越要警惕自己对孩子成长中幸福观的忽视与对自己教育方式的盲目自信，而越是所谓不懂教育的父母，越要警惕自己对孩子成长的随意与不闻不问，所以，适当的管教和快乐的管教方式才是大家共同追求的目标。家长要有学习当"坏"父母的意识，这点西方国家的父母就做得更好一些，他们会提前几年学习教育孩子的经验，在做父母前就先学习如何教育孩子，特别是学习如何从孩子的角度去考虑问题，如何去理解孩子的快乐，并且学得一身用孩子的幸福感去激励孩子成才的"坏招"，恰恰是这样，才能成为真正了解孩子的父母。

"坏"父母妙招

1. 好父母都希望孩子按照自己理想中的状态去过所谓的幸福生活，"坏"父母则懂得和孩子"分着过"，不用成年人对幸福的定义去限制孩子的生活，而是让孩子在自己的世界中寻找属于童年的快乐。

2. "坏"父母还应该懂得与孩子分享自己的童年，比如教孩子一些自己童年时代玩的简单的游戏，给孩子讲一些自己童年时代记忆深刻的故事……即使这些在成年人的世界中毫无意义，却是孩子的幸福观中最闪光的东西。

3. "坏"父母还可以在家中制定一些有效的奖惩制度，比如，孩子如果能够达到自己的要求，比如很快做完作业，或者考试有了好成绩，就奖励他们更多玩耍的时间，父母配合他们做自己想做的事情，但是如果没有完成，就要接受一些小小的惩罚，比如剥夺他们心爱的玩具一个星期，这一个星期内他们绝对不会有机会看到他心爱的玩具，当然家长也不会为他们购置新的玩具等。

只做父母，不做家庭教师

俗话说：父母是孩子最好的老师。每一位家长都希望自己的孩子能健康地成长，不但智力发展迅速，而且有刚毅的性格，进取心强，热爱生活，懂得爱父母和长辈，同时，父母们更渴望培养孩子对生活积极正确的看法，将自己的人生观传达给孩子，并且使他们的举止合乎公众的理想，在社会上有所作为，想来这既是一种愿望，又是做父母的应履行的责任。而现实总是简单又复杂的，父母的教育方式亦是如此。父母对待孩子不外乎三种情况：一是事事管、时时管，做了很多事，几乎一切亲力亲为，效果却不尽如人意；二是什么都不管，什么都不做，这样的话，孩子的成长完全没有指导，像个无头的苍蝇，可想而知结果更不好；三是也管但不全管，所管之处处都切中要害，这样，孩子就会成长得比较顺利。显然，"什么都做"和"什么都不做"都都了极端的路线，并不可取。自然地，明智"坏"父母从来都倾向于选择"有所为有所不为"。

父母与孩子之间良好的亲子关系，可以说胜过许多呕心沥血的教育。并且父母与孩子关系好，对孩子的教育也就容易成功；而当什么时候与孩子关系不好，自然地，对孩子的教育就容易失败。所以，建立良好的亲子关系，其关键在于父母对于自身的"定位"。

父母们都为了维持自己好父母的形象，通常处处严格要求自己，甚至希望自己同时扮演父母与老师的双重角色，但"坏"父母的聪明之处却在于，他们明白孩子们喜欢的父母其实是很单纯的，应该永远只安于做父母的角色，千万别把自己当成"法官"，更要切忌不要把自己当成严厉的"家庭教师",因为孩子的内心世界远比父母们想象得丰富多彩,父母如果想要从正面影响与教育孩子,不了解其内心世界便无从谈起。而了解孩子的第一要诀是呵护其自尊,维护其权利,成为其信赖和尊敬的朋友。打个比方便是,父母对待孩子,要像律师对待自己的当事人一样,了解其内心需求,并始终以维护其权利为唯一宗旨。此外,在漫漫的人生道路上,孩子始终是要自己去努力开辟自己的道路的,父母既无法替代孩子,也不该自作主张去当个严厉的审判者,而应该给予孩子一种保持良好奋斗状态的力量,这样才能帮助孩子建立自信心,所以,"坏"父母的成功在于不将自己的触角伸得过长,也能时刻保持警惕,既要善于发现孩子的优点,并赞美孩子,还要教会孩子正确面对失败,在挫折前做孩子的战友。

记得一位不识字的农村老人,在回答如何教育出成功孩子的问题时,笑谈说:"我每天回家,都会缠着要孩子教我他每天在学校里学的知识,还要孩子时不时地出题考我,所以孩子每天都期待着告诉我学到了什么,他在学校里就会认真地学习,事后还会复习,所以最终我的两个孩子都考入了大学。"

家庭始终是孩子成长的摇篮,父母是孩子的第一任教师,却也是孩子终生的教师。平等、民主的家庭氛围和家长的以身作则对子女起着潜移默化的渗透作用,父母的人格与权威对孩子的成长也具有很强的感化与约束力。家长对孩子的教育,一定程度上影响了孩子未来的发展。家长不需要在孩子面前做个事事均占上风的强者,也不要在家庭中营造课堂的氛围,家应该是孩子随性随心的所在,父母应该给予孩子一个完全放松的氛围,而千万不能让孩子惧怕自己。

俗话说:"母亲的义务是要把家庭变成乐园。"所谓乐园,并不意味着对孩子无度地放纵,而应该是爱、欢乐和笑的殿堂。家庭环境对于孩子心智和才能的造就和发挥起到至关重要的作用。父母的教育态度如果比较热情、民主，孩子的心智就会完善得比较早。在温暖而充满爱的家庭中，父母能尊重和接纳孩子的问题，鼓励和赞美孩子的优良表现，不但可以帮助孩子发展健全的人格，还能激发孩子的创意思维，使孩子变得更加聪明可爱。良好的家庭环境，父母和孩子的人格应保持平等，父母不应该因孩子的年纪小，就忽视孩子在家中的地位。正所谓平等是创造良好的家庭心理氛围的前提，父母、子女任何一方的优越感都会给其他家庭成员造成心理压力，使之产生心理隔阂。

"坏"父母应该成为孩子唯一可以依靠的人，给予孩子一个宽松温暖的空间，这样才能保持家庭成员人格的平等，使孩子乐于把家里的事情当成自己的事情，孩子也易于接受父母的建议。所以"坏"父母要营造良好的家庭氛围，父母和孩子之间应该相互欣赏对方的优点，容忍对方的缺点，有时候偶尔犯犯傻，该忽略的时候忽略，这也是一种不错的教育方法。一个甜蜜的家庭，父母与子女间应该有最好的沟通而且彼此体谅与尊重，父母给孩子自由，同时教孩子对自己的行为结果负责任，使子女能明白权利与义务的关系，这才是作为一个"坏"父母最值得关注的事情。

"坏"父母妙招

1. 父母可不是老师，但父母可以比老师更棒。

2. "坏"父母懂得如何在孩子面前表现出自己的长处，让孩子从多方多对自己由衷地佩服，所以，"坏"父母不一定需要足够的知识和文化来应对孩子在学习上的难题，但却一定要能解决孩子在生活中的困惑，而对于一个成长中的孩子来说，对生活难题所向披靡的父母是很伟岸的。

3. "坏"父母要学会尊重孩子，这样可以让孩子无所顾忌地向自己"显摆"最近在他们小脑瓜中的所想和所得，也有助于父母更全面地了解孩子。

榜样的力量

我们都知道，父母是孩子的第一任教师，自从孩子出生的那一刻起，他们就在用眼睛看着、耳朵听着、心灵体会着、头脑思索着父母的一举一动、一言一行。父母是孩子的"偶像"，他们渴望长大后像爸爸一样高大、妈妈一样可亲。孩子最早接触的世界主要是家庭，对孩子而言，家庭教育不仅开始最早，时间也最长。作为孩子最早的启蒙终身的教育者，父母对孩子的教育影响也最深远。家庭教育中太多的问题、烦恼、困惑困扰着当今的父母。我们认为，作为孩子的第一任教师兼孩子效仿的榜样，父母起着全方位、立体化的示范作用，父母是孩子高尚精神的榜样，崇高人格的榜样，多种能力的榜样，健康生活方式的榜样。

"坏"父母则正是深知这一点，并且能够对身为父母的榜样的力量加以巧妙的运用。即便是自身的一些坏毛病，"坏"父母们也能为了给孩子树立一个光辉的形象而尽量改掉。"坏"父母除了会刻意修正自己的言行，还会在需要孩子学习的地方"故意"去表现，在"坏"父母们看来，用一千句说教来教会孩子一个道理，都不如一个细微的行动来得真切。

下面这个例子给许多家长以警示：

小张是一个三年级的学生，父亲是铁路工人，母亲下岗待业。小张父母整天沉迷于麻将中，根本没有重视对孩子的言传身教。他们以为小孩子只要"严厉看管"，不听话时"打几顿"就会没事，可结果却恰恰相反。一次，小张的父亲在整夜的麻将大战后，带着睡意回到家里，却惊奇地发现儿子正和几个小哥们儿打扑克，而且每个人的脸上都贴了不少纸条，张父立时火冒三丈，动手就打了小张。小张挨打后一边大哭一边喊："我作业写完了，为什么你能打麻将，我就不能打扑克？"一句话问得张父哑口无言。

由此，我们不难看出，对于未成年的孩子，父母要求他们好好学习，自己却吃喝玩乐；要求他们早睡早起，自己却在那里熬夜打牌、睡懒觉；要求他们礼貌待人，自己却粗话连篇，这样的教育，又能有多大的说服力呢？自然，效果也就可想而知了。

在父母的心目中，孩子生来便是善良的天使。正所谓"人之初，性本善"，年纪幼小的孩子天生无所谓善恶，他们身上带着许多本能的冲动，这些本能的冲动既可以发展成善良的行为，又可以成为恶的萌芽，使孩子误入歧途。众所周知，"勿以善小而不为，勿以恶小而为之"，父母的责任在于通过科学的教育方法，使孩子身上这些本能的冲动发展成善良的行为，成为一个有道德的人，对他人、对社会负责的人。"坏"父母们对于孩子的这些本能的冲动都能够及时发现，并且故意做出一些引导孩子将冲动善化的举止让孩子们来进行模仿。"坏"父母们之所以"坏"，也是因为当孩子的冲动可能导致不良的后果时，他们就会成为一个严厉的纠正者。

说到此，有这样一件事令人听了不禁感到可叹又可悲：

一位母亲在自己的博客上写道："喜喜的早教班上有个小男孩，比喜喜大两个月，1岁前跟喜喜一个班，后来去了别的班，这回上音乐启蒙班又到了一块。那个孩子特爱抢人家东西,他妈妈不但不管,还有些得意地说:我儿子就爱抢东西,抢了就扔掉,也不玩。在家长的纵容下,半年后再见到那个小男孩,仍是那个样子。上周上课,喜喜正拿着晃圈玩,小男孩呼地一下扑到喜喜面前。他的举动太突然,我都被吓一跳,何况喜喜,喜喜慌张地撒开手,任由他抢过晃圈扔到地上。他的妈妈微笑且温柔地说:不要抢小朋友的东西。昨天,跟一个记者朋友聊起这事,她说,孩子的言行是家长教育的折射,遇到那样的孩子,只好教自己的孩子做好防卫了,不要教孩子太乖。"

说实话,养育一个有道德的孩子是艰巨的任务,道德是一个非常微妙和复杂的概念,包含着爱心、责任感、同情心、诚实等诸多因素,所以要求父母们要掌握科学的教育方法,有时还要"以坏出新",才能令孩子有所收获。

"坏"父母需要想出许多巧妙的方法,比如除了自己做孩子的榜样外,鼓励孩子与有道德的同龄人多在一起也是非常好的方法,孩子之间会互相模仿,在与好孩子交往的过程中,你的孩子自然而然也会受到熏陶,反之亦然。比如,假设你想让你的孩子懂得礼貌,那么跟一个比他大的、很有礼貌的孩子在一起玩就能很快让他也变得有礼貌。

当然,"坏"父母能做的,还有可以提醒孩子不断向有道德的好孩子学习。此处要"坏"父母们注意的是,你的提醒一定要比较具体,不能只是笼统地说向某某某多学习,而要向孩子说明学习别人什么,为什么要学习这些行为。甚至"坏"父母还可以悄悄鼓励孩子,如用"等你做得比某某好的时候,妈妈也让他来向你学习"这样的语言来对孩子进行激励。

在家庭教育中,父母还经常会经验满腹且不容置疑地告诉孩子应该这样做，不应该那样做，试图以此来规范孩子的言行。可惜现实情况往往是这种空洞的说教的作用往往微乎其微。父母们有所不知，对于小孩子来说，在某些方面的教育中，说教几乎起不到什么作用，而是需要让孩子亲眼看到、亲身经历到你是怎么做的，即所谓以身作则。比如早晨起来，父母要有意识的向家里的长辈问好，向邻居们问好；带孩子出门做客时要轻声叩门，在做客时谈吐高雅，举止文明，得到主人热情的招待时要总把谢谢挂在嘴边，临走时要说再见；家里来了客人，要带孩子到门口迎接，并引导孩子把自己最好吃或者最好玩的东西拿出来招待客人，客人给孩子带礼物时，让孩子务必懂得表示感谢；客人回家时要带孩子送到门口说"欢迎下次再来"、"再见"等。记住，你的一言一行、一举一动，孩子都会看在眼里，从而对父母产生崇敬之心，并以父母为榜样模仿效法。如果你想在日常生活中给予孩子最直接有效的教育，首先自己便要谨言慎行，以身作则，凡是要求孩子做到的，自己必须首先做到。

有这样一个例子，很值得我们学习：

有位很有教育方法的父亲，他有两个儿子，为了增强孩子们的体质，也为了敦促孩子们养成早起锻炼身体的习惯，父亲从孩子们上学的前一年开始就带领、陪伴他们早晨起来进行长跑锻炼。开始孩子小，父亲就慢跑或跑"之"字形，既能保护好孩子们的安全，又能监督孩子们的跑步速度。慢慢地孩子们长大了，父亲的长跑中的保护和监督作用显得不那么重要了，甚至到后来，年迈的父亲开始跟不上孩子们的速度了，连形式上的陪伴作用也似乎不需要了。但父亲仍然坚持与孩子们一起锻炼，连跑步的路线都未曾改变。当不少邻居问这位父亲这是为什么时，父亲泰然地说，他这样做的唯一目的从一开始就未曾改变，那便是要在孩子们的心目中树立一个榜样，大人的行动对孩子来说，就像一道无声的命令，能够在无形中起到威慑的力量。最后达到的效果是即使有时父亲不在家，孩子们依然照常锻炼。就这样，这位父亲一直陪伴孩子们坚持早晨长跑锻炼，使他们有了强健的身体，凡是学校开运动会，父母均支持、鼓励他们报名参加，到高中毕业时，其中一个儿子竟跑出了全校1500米第一名的好成绩。另外，坚持锻炼而得来的强健体魄，同时更保证了孩子们有旺盛的精力来进行学习，读书期间，两个孩子连一天病假都没有请过。

很多父母虽然也懂得以身作则的道理，却总觉得效果远没有书本上讲的那么好，并且更让许多父母困惑的是，孩子们似乎对父母的说教很不以为然，但他们总是对老师或者领导的教导十分在乎。请广大的父母们放心，那仅仅是一种孩子本能表现出的表面现象，绝不是真实的情况。真实的情况是，无论孩子身处怎样的环境，他们还是首先愿意相信父母的，其次才可能相信老师或者领导。其实，这个道理是可想而知的，他们对老师或者领导的教导不敢不听，因为他们之间存在着管理中的上下级关系，但不敢不听，不等于不敢不信，他们心中多少会存有疑惑；相反，他们对父母的传教有时候就可以胆敢不听，但胆敢不听，却不等于不信，孩子们心知肚明，只有父母才不会骗他们。在这个世界上，其实很多东西你不得不做出一个样子来，大人如此，孩子也不例外，甚至他们的样子比大人做得都像，因为他们知道，他们是最需要学会自保的人，因为他们还很弱小。

由此看来，父母对孩子的那一份教育责任只能由父母承担。如果父母能够做出好的榜样，将这份榜样的力量在孩子心中无限放大，那是孩子的幸运，也是父母自身的幸运，当然更是社会的幸运。

"坏"父母妙招

1. 很多时候,"坏"父母们只要略施小计,就能达到教育孩子的目的,特别是那些需要孩子向自己学习的方面,父母们最好不要明确地告诉孩子怎样做就算好,怎么做就不好,而是在孩子面前照着希望孩子学习的样子去做,保证能达到良好的效果。

2. 给孩子设定一个现实生活中学习的榜样,并且不断鼓励孩子去超过对方,这样有助于增强孩子的自信心,也能够激发孩子认识到自身的不足,学会取长补短。

第二章
钱财是把双刃剑，培养正确金钱观

"梅花香自苦寒来"，孩子早晚要去独闯一片天地，与其让他们那时面对挫折懦弱无助，不如让他们从小就磨炼出直面人生的能力和本事。

都是金钱惹的祸

金钱会让原本健康单纯的孩子心生邪念，这一点儿也不假，不知有多少这样的故事，令父母们听得心惊胆战。恐怕不少父母都有过类似的经历："我的孩子经常偷偷地拿我的钱，有钱以后就经常不回家，逃学也成了家常便饭，学校和我用了各种教育方法都没有用，怎么办呢？孩子算是毁了……"通过调查，许多犯罪的孩子都经历了如下的过程：从小被父母无限度地溺爱，给大把大把的零花钱，从来不缺钱花，他们根本没有金钱观念，当父母有一天发现零用钱过多已经惯坏了孩子，有开始严格控制孩子的零花钱，可已经大手大脚惯了的孩子哪能受得了没钱的日子，便开始想一些别的来钱的途径，如小偷小摸，甚至抢劫比自己小的孩子。正可谓"钱是一把杀人不眨眼的刀，都是金钱惹的祸"。

所以，对孩子的金钱教育，是需要"坏"父母的，"坏"父母们不会让孩子觉得钱是万能的，会正确地教育孩子怎样去挣钱，以及有钱之后所需的正确的消费观。家有"坏"父母，孩子才能不会轻易被金钱所迷惑，或是被钱财的问题所击倒。

以下是一位常年在教育一线工作的教师的真实感受：

我从事教师工作20多年了，教过成百上千的学生，在长期的实践中，我深刻地感到，在那些家庭特别富有的学生中，除了少数的孩子能够在学习、品质方面都比较优秀外，其中大多数的孩子都不怎么样，学习成绩比较差不说，在意志品质和人格方面也大多存在着比较大的缺陷，有些纯粹是游手好闲的花花公子，更有甚者，有的最后发展成流氓或恶棍。

还有这样的一则报道也值得人深思：

西安有一户家庭，夫妻两人分别开着公司，挣了不少钱。但由于工作很忙，平时根本顾不上对读中学的儿子进行教育，只是儿子要钱，就有求必应，连儿子的学习成绩也不闻不问，更别说对儿子平时的所作所为有所管教了。结果儿子整天无所事事，沉迷于网络，还和一些不三不四的酒肉朋友们混在一起，手里握着15万现金，阔绰地住着五星级酒店，非但彻底脱离了学校，还到全国各地招摇撞骗。后来，因为他使用的是假身份证，在郑州机场被警方当场拘留。当这位公子哥儿的母亲闻言前去机场领儿子的时候，竟然连一句责备的话也没有，还百般疼爱地问自己的孩子"是否受到了惊吓"。

与之相反的，美国的"石油大王"洛克菲勒不但给自己子女的零用钱少得可怜，还立下了严格的家规：7—8岁的孩子，每周零用钱30美分；11—12岁的孩子，每周1美元；12岁以上的孩子，每周也仅有3美元。并且要求孩子记清每一笔支出的用处，记录下来，等到下次领钱时交由父亲检查。因为洛克菲勒认为：过多的财富会给自己的子孙带来灾难。人们都说"富不过三代"，洛克菲勒却用他的"零花钱家训"实现了家族的长久兴旺。可见，金钱并不是万恶之源，道德缺失和错误的价值观才会使孩子走下坡路。

家庭富裕的孩子之所以会出现许多令人头疼的问题，究其主因还是娇惯以及教育的缺失造成的。有一些家长，由于自己是穷过来的，便不愿再让自己的孩子过自己过去的生活，这是一种潜在的补偿心理，殊不知，不经历风雨怎能见彩虹？没有艰苦的磨练，孩子如何能够像成人那样懂得奋斗的可贵呢？更有一些人错误地以为，金钱可以搞定一切，并且把教育的任务全部推给学校，觉得只要能教育好孩子，要多少钱给多少钱，要什么条件给什么条件，却不知，有些教育是金钱所代替不了的，有许多事情金钱起不了作用。说到底，金钱代替不了教育，更代替不了亲情，所以绝不能因为对金钱错误的使用和看重而忽视了对孩子根基上的教育，要知道，财富可以传给孩子，能力却不能，精神亦不能，钱赚得再多，孩子没有能力去守住和继承岂不是徒劳吗？

身为父母，谁不爱自己的孩子，谁不愿倾己所有地给孩子付出呢？但是，身为父母，又该给孩子什么才是正确的呢？而"坏"父母们在此明确的一点便是：一味地、无条件地给孩子钱显然是不对的，金钱是把双刃剑！

"坏"父母们通常不会孩子想要什么就给买什么，而是以孩子的实际需求为前提，再根据当前的实际情况来决定应该给孩子多少零花钱，或是给不给孩子买一些昂贵的用品等；"坏"父母会在困难的时刻成为孩子坚强的经济后盾，并且不让家里的经济问题困扰到孩子，不会让孩子觉得自己很缺钱，但在平日里，却也不允许孩子浪费金钱，会培养孩子建立起对金钱的基本尊重；"坏"父母们还应该以身作则，自身不表现出对金钱的过分热衷，也应该正确对待社会上的贫富分化现象，不在孩子面前做过于具体或极端的评论；"坏"父母也不会在孩子身上乱投资，而是懂得因材施教，该舍得投入人力物力的时候不吝啬，让孩子也能切实地从中获益。

总而言之，家庭富裕了、日子好过了、在孩子身上舍得投资本来是好事，但千万要注意引导、注意方法，更应该注意分寸。毕竟，给孩子留下一笔精神财富，比留下一笔物质财富更有意义。在父母与孩子之间，多一份亲情、多一份教育，比一座金山都来得可贵，千万不要把错误的金钱观念传达给孩子，这样的后果，只能培养出一个一事无成的庸才。

"坏"父母妙招

1. 给孩子的零花钱可以分阶段递增，比如孩子初中阶段每个月500元零用钱，高中阶段每个月600元，到了大学每个月1000元，这种做法有助于让孩子明确地建立起自己的"小金库"，对自己的资金学会掌控。

2. 当孩子某个月的零用钱不够花时，可以向父母预支下一个月的零用钱，但"坏"父母们也会借机向孩子提条件作为"利息"，比如帮助打扫家务，或是缩少玩电脑的时间等。

宝贝，我们破产了

许多家长都有共同的困惑和疑问，那就是：该不该告诉孩子家里有多少钱？随着孩子一天天地长大，对钱逐渐也有了概念，但对钱的数额却还没有一个准确的实质性的认识。通过平时家里的消费或同学之间的相处孩子能够或多或少对各自的家庭经济状况作出比较，了解自己家的处境。有时候，孩子也许会因为虚荣，也许是出于无意，把家里的事情在毫无防备的环境下说出来，可说者无意，听者有心，小孩子天真的话语也许会对孩子、对家庭产生不安全因素。所以作为父母，我们究竟应不应该告诉孩子家里经济状况呢？或者应该怎么告诉呢？什么时候告诉呢？孩子又究竟应该有什么样的消费观念？树立怎样的金钱观呢？以上这些都非常值得聪明的父母们思考。"坏"父母们在这一方面就是聪明的、且值得学习的好榜样，他们能巧妙地让孩子了解家庭的经济状况，却不会产生过分的攀比心理或忧虑，并且通过日常的生活让孩子建立起劳动与金钱的关系的正确意识，既不浪费，也不吝啬，给予孩子一个干净、舒适的经济环境。

正如你知道某天孩子会问他是从哪儿生出来的一样，他也一定会问一些让父母难以回答的有关家庭经济状况方面的问题。比如，"我们家有多少钱"等等，大多数家长都会在这个问题上对孩子撒谎，有意或无意地对孩子隐瞒家庭真实的经济状况。这种做法是否正确呢？怎么做才有利于孩子健康成长的呢？

就这个问题，许多教育专家为父母们寻找着良策，其实这个问题的关键并不在于是不是应该告诉孩子家里有多少钱，而是在于正确地引导孩子的金钱观和消费观。具体又该怎样做呢？"坏"父母的建议是，如对于孩子所问的关于家庭是贫是富的问题，作为家长的回答都应是否定的。正如美国儿童教育专家威里尔德·斯塔华斯基一针见血地概括出的那样："即使家产丰厚，你也不必让孩子以为他们可以想要什么就有什么，或者到左邻右舍去显摆；如果你家钱紧，你也不能让孩子也跟着你担心温饱。"但为了满足孩子对自己家庭经济状况的好奇心，"坏"父母们的"坏招"是可以选择先告诉他，你们家属于中等人家，比上不足，比下有余，然后记得一定要告诉他，我们有足够的钱买食物、衣服和许多我们生活所需要的东西。此外，回到论点，其实告诉或者不告诉都没有我们想象得那么重要，关键的是在于怎么去正确地引导孩子。特别是现在这样的经济社会，金钱成为社会中非常微妙的一个因素，想让孩子们完全与金钱隔离是根本不可能的，也是不现实的事情，也正因为这种不现实，反倒容易使错误的、盲目攀比的金钱观在孩子幼小的心灵中乘虚而入，占领孩子们尚不成熟的头脑，他们大多会以为家长的钱来得毫不费力，花起来自然是大手大脚。所以在孩子有了一定的认知能力后，无论家里的经济状况如何，告诉孩子与否并不重要，所以"坏"

父母们认为，最关键的是应该要让孩子们知道，什么才是他们人生中最重要的，而不要形成拜金的观念，对他们以后的独立生活来说这才是莫大的财富。

面对这纷繁复杂的世界，该如何帮助自己的孩子树立一种正确的金钱观呢？对此，"坏"父母们的主流思想是，关于金钱方面的教育宜早不宜迟，受到良好金钱观教育的孩子长大成人后才能对金钱抱有正常的心态，处理好人与金钱的关系。那么，什么才是正确的金钱观呢？既不是挥金如土，也不是只挣不花，做个守财奴。家长首先应该弄清楚自己的价值观，否则无法成功地教导孩子。孩子是通过观察父母的言行来学习的，包括对于金钱的使用。

想成为"坏"家长的父母应该知道，对成长于物质相对丰富环境中的孩子来说，应该给予孩子的正确的金钱价值观念，这里包括：金钱和物质不是从天上掉下来的，全部是靠辛勤劳动换来的，没有付出就没有收获，不劳者不得食；金钱能让人拥有物质条件，但不能代替美好的品质，并且幸福也不是金钱可以买到的；金钱还可以用来帮助那些需要帮助的人；学会合理支配金钱，让金钱在孩子的生活中处于合适的位置。

"坏"父母妙招

1. 不管家庭是否富裕，都可以先告诉孩子咱们是中等人家，让孩子大可不必为了经济问题而担心，但也要同时告诫孩子不能乱花钱，不然家里就会破产了。

2. 对于孩子要求购买的一些昂贵的物品，比如手机、MP4等，"坏"父母通常都不会一下子就答应，但却会给予孩子一个希望，借机要求孩子在某个方面取得一定的进步，之后再满足孩子的要求。

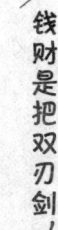

别让孩子认为 "前途 =钱途"

用金钱为孩子堆积前途，会造成孩子价值观偏移的严重弊端：

有个有钱人家的孩子叫阿明，在他五六岁的时候就经常自豪地告诉别人："我爸爸很有钱！"而他的爸爸也的确在金钱上给予了阿明莫大的支持，进入学校后，阿明的成绩一直不够好，老师却对他照顾有加，比那些成绩好的学生还得到更多优待。阿明考初中、高中乃至考大学也都借助了金钱的作用，一路非常顺利。时间久了，阿明自然而然、不由自主地产生了"金钱万能"的思想，于是，他始终不思进取，安于浑浑噩噩地混日子。为了在大学里拥有良好的人际关系和学习氛围，阿明继续大肆挥霍，动不动就请客埋单，以此树立自己在同学中的威信。于是养尊处优惯了的阿明，自立能力也越来越显得比同龄人逊色。终于到了大学毕业，阿明也不去找工作，整天待在家里无所事事。此时阿明妈妈开始着急了，就逼迫着儿子出去打工。可是从小到大，阿明的一切经历都没有为钱发过愁，可谓一帆风顺，在父母羽翼护卫下长大，别说独立完成一份工作，恐怕连基本的生存能力阿明都不完全具备，更不用提承受工作中出现的挫折和压力了。于是在一个偶然的机会，阿明结识了一个朋友，那人听说他家里特别有钱，就有意给他出主意：你家里有钱，弄个旅游船，自己做老板不就不用出去打工了。阿明立即跟父亲讲了这个想法，父亲高兴还来不及，毫不犹豫地投资了300多万元为阿明买了一艘游轮。可是商场如战场，一年下来，生意的结局可想而知，阿明以惨败收场，家里的经济状况也因为这次巨额投资的失败而开始变得窘迫。

像阿明这样的例子其实是非常值得父母们反思的，阿明的父亲后来也意识到了自己在关于儿子金钱观教育上的严重失误，造成最终那种无奈局面的其实并不全是阿明的错，而主要是父母教育上的疏忽。在儿子成长的道路上，阿明的父亲和母亲仅仅充当了物质供养者的角色，却忽略了对儿子的精神供养，最终导致了阿明人生观、价值观的迷失。

那么，作为一个当今时代的"坏"家长，我们应该怎样调教自己的孩子，让他们拥有正确的金钱观呢？

"坏"父母们会及早地让孩子们意识到金钱在人生中是必不可少和难以代替的，但是也要让孩子认识到金钱不是万能的，这样就可以避免孩子形成拜金主义、唯利是图等不正确的金钱观。"坏"父母们还会把握生活中的一切机会，帮助孩子认识如何理财，以及理财的好处。在让孩子意识到金钱的重要时，还要让孩子知道，金钱只是一个为我们提供实现愿望和理想的工具，但并不是有了钱就拥有了一切美好的东西，所以，"坏"父母们最注重的就是要孩子一定要正确看待金钱。

此外，适度的零花钱，对孩子的生活有着重要的意义，它既可以满足孩子合理的消费需求，也为孩子学会管理金钱提供了前提和可能。孩子会在管理零花钱的过程中，增强理财观念，培养独立自主的能力，建立起正确的价值观。"坏"父母们非常注重给孩子传授一些理财的理念，无论手里的零花钱有多少，节省是第一原则，教导孩子不该花的钱就不要花。"坏"父母还是孩子勤俭节约的好榜样，并且能够及时发现和纠正孩子可能出现的铺张浪费的行为。

"坏"父母还会将基本的储蓄知识传授给孩子，比如储蓄原则、挂失手续、利息计算等，如果可以的话，还要给孩子说明储蓄的种类，包括活期储蓄、定活两便、整存整取、零存整取等，然后根据孩子的实际情况，教导孩子选择适合自己的储蓄方式，使孩子养成了储蓄的习惯。因为"坏"父母们认为，当有一天孩子发现自己已经积攒了不少钱的时候，他一定会感到惊喜，自然而然地就会将储蓄的习惯保持下去。

总之，在对于孩子的教育上，"坏"父母们注重的是从小就让他们树立远大的理想和抱负，作为父母，要关心的是孩子的前途，而不能因为自身对金钱的错误理解或欲望，便将这种成年人的理解强加于孩子的前途之上，一味地让孩子追求"钱途"，这样才能把孩子培养成为真正的人才。否则，过早地给孩子灌输"挣大钱"胜过一切的思想，只能给孩子带来负面的影响，甚至会毁了孩子的真正前途。

"坏"父母妙招

1. 可以给孩子一个学习理财的机会，让他自己选择并决定购买一些日常生活用品。

2. "坏"父母们建议不要把长辈给的压岁钱交给孩子支配，这不是劳动所得，应有所区别。最好存起来，作为孩子将来的教育基金。

3. 在孩子使用零花钱的初期，"坏"父母们会为孩子准备一个本子，记录孩子每天的花费情况，以便使孩子更有效地利用金钱，养成审慎理财的好习惯。

无奈——"草莓族"、"啃老族"

时下，人们都喜欢把拥有着相同特性的某一类人群概括性地称为"某某族"，就像许多年前就已经流行开来的"追星族"、"炒房族"等，人们一提起什么什么族，常常都是带着嘲讽和议论的口吻。但在这些族

群中,如今有不少都表现出对于年轻一代或者是孩子的讽刺,却也同时鲜活地反映出父母们的无奈。

如不久前出现的一个新词"草莓族",不但使许多父母感同身受,更勾起了父母们对于子女教育中的反思。顾名思义,许多人把当代的孩子比喻成新鲜的草莓,外表看起来可爱又迷人,但不当心一碰一踩,瞬间就烂掉了。这就是在说,当代的很多孩子只要碰上一丝一毫的挫折,立刻就畏缩了,没有主见,甚至大发雷霆,缺少解决问题的忍耐力,更缺少解决问题的实际能力。此外,自然界中的草莓也是个经不住风吹雨打的"绣花枕头",一生都依赖着自己的根茎,只要被采下,很快便腐烂了,而现在的孩子们也有着相同的特征,他们大多依赖性很强,连小事儿都懒得自己动手去做,随时讨援军,习惯了衣来伸手、饭来张口的生活,导致自理能力特别差,常常是离开了父母就表现得无所适从,还会成为别人的麻烦。

据媒体介绍,现在年轻一代变成了大棚里生长出来的"草莓族"的概率达到了70%,在社会和父母的呵护下,孩子从家门到校门,总是一帆风顺,总是倍受呵护。独生子女更是成为父母、甚至祖父母一辈的掌上明珠,家庭未来的寄托和希望。老一辈望子成龙、盼女成凤,而新一代则只顾跟着时代走,追求时尚、追求享乐、追求自我,这是新现代"草莓族"的共同特点。长辈感到孩子不听话,晚辈认为长辈管得多、不自由。于是,孩子难养便成了"家庭教育"、"学校教育"和"社会教育"都须研究的共同课题。

所以,"坏"父母们正是因为怕孩子成长为这样弱不禁风、只能够在温室中生存的"草莓族",才会认为为人父母,也应该适当的时候"坏"起来,孩子是需要教育的,而教育是需要技巧和时间的,"坏"父母们首先要有足够的时间用在孩子的教育上,物质的条件再优越也无法代替父母的言传身教。在磨炼孩子的意志品质上"坏"父母会非常舍得花时间，并且根据孩子的进度，不会用自己的节奏来教育孩子，这样的教育才能够一步一个脚印。

  与"坏"父母们有着鲜明的对比和不同，当代的年轻父母其实大多时候都很是劳碌，没时间陪孩子，便常常以物质来弥补，于是孩子就养成了要什么有什么的不良意识，但却不懂得珍惜，另外，父母们因为自身的生活节奏快，大多时候也没有足够的耐心，去教导孩子做什么事都慢慢来，索性什么事都迫不及待地帮孩子去做好，却没有意识到这样做就等于让孩子失去了尝试和解决的机会，长此以往，就养成了孩子也缺少耐心、赶上挫折不知怎么办的怯懦性情。下面的这个例子或许能给父母们一些启发：

  一位如今事业有成的年轻女士在回忆起自己小时候得到的家庭教育时颇为自豪地说："小孩子摔倒了，许多父母都会安慰小孩子说是地不平，甚至生动地叫小孩子来打地板，其实我认为这种做法是在加剧孩子悲伤的感情，让孩子没有从当下的失败中，学到该如何去正确面临失败。记得我在很小的时候，有一次不小心自己撞到了门框，便哭着跑到妈妈那里去寻求慰藉，但是我的妈妈并没有像上述的那些父母那样一味地将我小小的'不幸'全部归咎于客观，而是冷静地问我：'宝贝，是你去找的门框还是门框来找的你呢？'于是从那以后，我就明白了一个道理，那便是凡事要先从自身找原因，才能总结经验，不断前进。"

  在孩子成长的进程中，随时都有可能遇到难题及挫折，当孩子碰到挫折时，"坏"父母们最有效的办法就是，首先应当引导孩子去找出挫折的缘故，陪他一块儿探讨出改良的方法，并且建议和鼓励他再去尝试，在这个过程中，孩子会发现其实不少问题都没有他想象的那么复杂，是可以解决的，便会由此确立自信心，将来也不会轻易地被挫折打倒。每当孩子靠自己独立完成一件事时，就是又迈向了独立一步，远离

"草莓族"也就远了一步。

人有了责任感才能承担起自己的社会角色。有了责任感，才能扮演好在家庭中的任何角色；有了责任感，才能成为社会上的好公民，公司里的好员工或好领导；有了责任感，才会懂得关怀他人，也才能赢得别人的信赖和尊重。如今，无奈的是，还有这么一个族群也成为了社会议论的焦点，那便是"啃老族"。逃避成年人自食其力的责任，逃避赡养老人的责任，逃避为社会服务的责任，是"啃老族"最显著的特征。即那些"挺大的人了，不上班，天天在家花爸妈的钱"。

其实归根结底，"啃老族"的存在就是丧失了做人最基本的责任感。在一个家庭里，父母已年近花甲，年轻力壮的子女却心安理得地继续花父母的钱。这既是家庭道德教育的失败，也是家庭金钱观教育的失败。中国的传统本来是"养儿防老"，结果，子女长大后不但不能为父母养老，反而还要啃老，怎能不让父母寒心呢？所以，作为年轻的父母们，为了避免孩子以后成为这类"啃老族"，就应该懂得在对于孩子责任感的教育方面"坏"起来，避免对自己的孩子过分溺爱，树立孩子正确的付出和收获意识。

"坏"父母会经常给孩子灌输"不能给别人添麻烦"的理念，倘若全家人外出旅行，家里每个人都要背一个背包，甚至五六岁的孩子也要自己的包自己背，因为"坏"父母们认为，即使再小的孩子，也是家庭中的一员，应该力所能及地为家庭尽一点儿责任。"坏"父母还会认为孩子到了14岁就要在家里承担一些家务劳动，督促孩子培养的家庭责任感。"坏"父母们还会等到孩子一到上了初中，就鼓励孩子去老人院、孤儿院、残疾学校做一些义工或志愿者，从小培养孩子的社会责任感。可在一些家庭中，情况却截然相反，孩子在学校的班里做值日，许多家长怕孩子累着，竟然到学校里替孩子扫教室，都说"可怜天下父母心"，爱子女是为人父母者的天性，可是，过分的溺爱就有可能造成不堪重负的社会问题，铸就"啃老族"。总之，"啃老族"的社会现象，多少还是给溺爱式的家庭教育敲响了警钟，前车之覆，后车为鉴，现代的很多年轻父母都在逐渐调整着自己的育儿观念，相信只有科学的、理智的家庭教育才能教子成龙、教女成凤。

　　相比之下，我们不妨建议父母们学习学习母鸡的育子之道。"坏"父母们给予孩子的爱，就好像母鸡对待小鸡那样，有深沉保护的一面，也有狠心大胆的一面。因为母鸡育子，就旨在着重培养子女的自立能力。据说从小鸡能独立下地之日起，母鸡首先要做的，就是开始培养小鸡的求生本领。发现有食物，总是身体力行地给小鸡做出觅食的示范动作：啄起，放下；再啄起，再放下，但是不会喂给小鸡吃，只是如此反复地做动作，直到小鸡能熟练地掌握觅食要领，自己啄起食物来吃。其次，母鸡还非常注重培养小鸡的竞争能力，在食物量一定的情况下，母鸡总是让小鸡们分别去抢食吃，谁抢得多吃得快谁才能吃得饱，身体也就长得快。其三是注意培养小鸡防范风险的能力，学会保护自己，当有老鹰来犯等危险事情发生时，母鸡总是发出紧急集合的命令，让小鸡就近找安全地带隐蔽起来，然后召集可以抵抗的力量一致进行有力的抵抗。最后是注意培养小鸡的自立能力，当小鸡长到母鸡认为可以自立的时候，母鸡甚至会逼着小鸡去自立，如发现哪只小鸡赖着不想自立，母鸡还会作出一次比一次更严厉的惩罚，直到小鸡领会了母亲的苦心，尽早自立为止。

"坏"父母妙招

　　1．"坏"父母们不会在是否应该狠心教育孩子的问题上过多犹豫。相反，在教育了孩子以后，在该怎样让孩子明白其中的道理和弥补亲子关系上"坏"父母则会下苦功。

2. 锻炼孩子自立，就要先做那个不愿意被孩子麻烦的人，即"坏"父母们一定会要求孩子自己的事情自己做，并且可以在孩子偷懒时也表现得不高兴，让孩子为自己给大人添了麻烦而感到愧疚。

有钱难买幼时贫

穷人的孩子早当家。古今多少名人雅士，都是自小饱经了家境的贫寒，而后才出人头地的。

欧阳修四岁时父亲就去世了，家境十分贫寒，家里没有钱供他读书，他的母亲就用芦苇秆在沙地上教他识字、写字，还教给他诵读许多古人的诗篇。到欧阳修年龄大一些了以后，家里的书他已经都读过了，母亲便带领他到别的读书人家去借书来读，并且常常让他抄写，聪明的欧阳修时常还没等抄完，就已经能背诵所抄写的文章了。就这样，在艰苦的学习条件下，欧阳修依然夜以继日、废寝忘食地致力于读书，小小年纪写的诗赋文字就已经具备成人的水平了，后来更是成为了一代大家。

由此不难看出，个人在年幼时家境不好，表面看上去虽然是不幸的，但对于有志气的孩子来说却不见得是一个无可弥补的缺憾。反而因为家境的窘迫会促使有潜力的孩子较早地品尝到世态的炎凉和生活的艰辛，让孩子早懂事、早立志，也就更易获得一番成就。相反地，也有不计其数的事例向我们证明，一些富裕人家的子弟因为眼前吃不愁、穿不愁，反倒丧失了许多学习的动力，缺少了成就一番大事业的思想和性格基础。

澳大利亚地广人稀，人民的生活水平普遍比较富裕。然而，在教育孩子问题上，澳洲人却信奉存在着这样一条真理，那便是——再富也要"穷"孩子！

澳洲人始终坚信，娇惯的孩子，注定缺乏自制力和独立闯荡社会的能力以及安稳生活的能力，长大后一定免不了吃亏受罪。与其让他们在成年后处处碰壁，不如用"孩子应当比大人少穿一件衣服"这样的理念，从小便对孩子严格要求，不溺爱，也不放任。

不仅仅是在澳洲，其实许多"坏"父母们带孩子的方式，在一般人看来都"太不能让人接受了"，甚至可以说成是"又粗又邋遢"。"坏"父母们会很随意地推着婴儿车走在炎炎烈日下的大马路上，对孩子所受到的"风吹雨打"完全一副不在意的样子……曾有个中国母亲在悉尼一家医院亲眼看到了这样一幕：一对夫妻来医院就诊，妻子进诊室去作检查了，丈夫独自带着刚刚会走路的女儿在大厅中等候，这时女儿嚷着要喝水，父亲便在身旁的自动售货机上顺手扯了一个免费纸杯，进厕所接了一杯自来水就递给了孩子。所以，"坏"父母们完全不可能是买不起饮料，而只是他们没有娇惯孩子的意识，更不会刻意地去为孩子搞"特殊化"。"坏"父母们会始终认为，孩子是小，但父母只需要在孩子能力范围以外对他给予帮助，如果在孩子的能力范围之内，就应该以成年人的标准来要求孩子。

这种"穷养"孩子的现象在"坏"父母中间非常多见。"穷养"孩子被作为是一项有见地的家庭教育方式，"坏"父母们深知，那些懂得"穷养"孩子的父母才是真正聪明的父母，才真正懂得什么是为孩子的未来着想，既然孩子长大后早晚要离开父母庇护的臂膀，去独闯一片天地，与其让他们在那时面对挫折后诚惶诚恐，不如让他们从小就"穷养"出直面人生的能力和本事。

回过头来看看我们的现实生活吧，生活中多少父母本着做好父母的原则，体会着种种孩子身上的无奈。在缺少有勇气来"穷养"孩子的情况下，我们的许多孩子都没能做到早当家。所以，孩子在年少时生活过分富有及舒适真的不全是好事，往往反而会成为对其成才十分不利的因素，"有钱难买幼时贫"，这不仅仅在中国，甚至在世界各国，都是父母们需要谨记的一条育儿圣经。下面的例子或许也能给我们一些启发：

世界球王贝利可谓无人不知、无人不晓，当年在他喜得贵子之时，有记者曾前去贺道并十分感慨地说："看他长得多壮，今后一定会成为像你一样的体育明星。"贝利听后只是微微一笑，随后不假思索地回答："他有可能成为一位优秀的运动员，但恐怕很难能有我这样的成功了，正是因为他很富有，缺乏了先天的竞争意识，而我小时候却非常贫穷。"贝利从自己成长的经历总结出的道理确实是真知灼见。

通过上面的例子，不难看出，孩子太富有不是一件好事，这会直接影响到他们今后的竞争力，对环境的适应能力等一系列问题。"坏"父母们宁愿孩子在小时候多吃些小亏，也不愿意看到孩子成年后弱不禁风，最终一事无成。

在日本、英国等发达国家，很多学校都已经将磨难教育列入了正规的教育计划。因为那里的父母和老师们都认为："有十分幸福的童年的人，常常有不幸的成年。"这一理念也在他们的社会中已形成了共识。所以，许多"坏"父母们提出对孩子进行勤俭教育、吃苦教育、挫折教育等，并且实施在学校进行军训、拉练、探险等活动；还有意识地在假期让孩子们到工厂、农村、商店去参加锻炼，甚至"花钱买苦吃"。虽然这类教育有时很拘泥于形式，起到的作用也不一定特别大，但这样的教育却是非常有远见的。毕竟，培养这种吃苦的精神与良好的心态，是给予孩子童年和青少年时期的一笔最为宝贵的财富，只有让孩子不断进行艰苦的磨炼，他们将来才能适应时代飞速的发展和竞争愈发激烈的社会。

"坏"父母妙招

1. 对于男孩子，"坏"父母们可以要去他一起去购物，让他学会提重物、扛大件，这是男子汉的责任。可以带他去菜场，让他看菜农裂口子流着血的粗糙的手指，为什么菜农大伯不哭不流泪却还在喜滋滋地卖菜？因为他承担着家庭责任。

2. 如果是女孩子，"坏"父母会注重培养培养她的同情心，让她去帮助有困难的人或是受伤的小动物等。

3. 可以在条件具备的情况下带孩子参加适宜的社交活动，让他们知道"得体"和"高雅"是人们所追求和向往的，并且形成初步的社会意识。

金钱来之不易，付出劳动才能得到

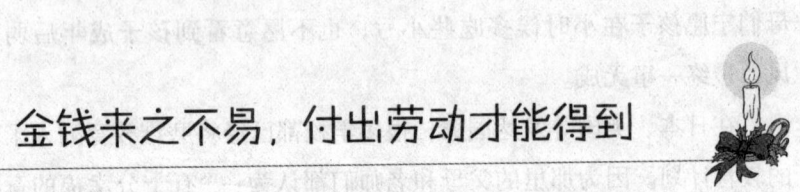

应不应该从物质上娇惯孩子呢？绝对不应该。有见地的人家，在对孩子金钱观的教育上有自己的独到之处，正所谓"梅花香自苦寒来"。

美国的"石油大王"洛克菲勒家境富裕的他，从小就接受父亲严格的"金钱教育"，父亲从来不白白地给他零花钱，而是要他做"雇工"通过自己的劳动去挣，虽然"雇主"就是自己的父亲。洛克菲勒总是一大清晨便到田里去干农活，有时还挤牛奶。他有一个专用于记账的小本子，每天干完活，他把自己的工作计算好，按每小时0.37美元的工价记入账，然后前去与父亲结算。在成功后，洛克菲勒曾多次表示，这件事他丝毫不觉得委屈，相反，年少的他，一直做得很认真，并且感到既神圣，又充满趣味。

全世界的人都知道犹太民族是一个非常重视教育的民族，在犹太人对孩子的教育中一项重要的内容，就是对孩子金钱观念的培养，犹太人认为，金钱不会玷污孩子的天真和单纯，让孩子早一些接触金钱，对孩子理财或经商能力的培养是很有益处的。

经过西方教育专家们的观察和总结，他们发现精明的犹太人对孩子金钱意识的培养应该是开始于3岁，并且严格地制定出了适合孩子各个年龄成长阶段的金钱教育计划，大致是这样的：3~4岁，孩子便能够在父母的教导下学会自己辨认钱币的种类，认识币值多少；4~5岁时，孩子要能够在父母的监护下已经懂得用钱购买一些简单的物品；5~6岁，孩子要明白钱来得其实并不容易，要付出艰辛的劳动和智慧才能换来相应的钱财；6~7岁的孩子已经懂得用储蓄罐等东西来对钱财进行储存；7~8岁时，孩子应该做到判断自己有无购买某商品的能力，对自己的金钱做到心里有数；8~9岁的孩子，犹太人便会要求他们自己能够明白在银行开户，并且存钱，还要能自己工作挣来零花钱；通过锻炼，到10-12岁时，这些孩子便已经亲身体验到了赚钱绝非易事，从而树立了一定的节约观念，并且养成了绝不浪费一分钱的好习惯；等到了12岁以后，成人也就不会把孩子当成孩子了，而已经是个拥有着经商头脑的后起之秀，可以像成人一样参与任何商业活动了。

试想一下，在这样的家庭教育下，犹太人在很小的时候就学会了许多金钱与金融方面的知识，所以人们都称犹太人是"天生的金融家"。

在"坏"父母们的观念里，越是经济条件富裕的家庭，对孩子的这种金钱教育就越应该苛刻：

一位在海外生活的富裕家庭中的"坏"妈妈介绍说："我有两个儿子，从他们很小的时候我就常听别人说，让孩子尽早地通过自己的劳动赚钱对培养孩子的生存能力和责任意识非常有益，因为赚别人钱，就得对别人负责，不管所赚的钱财是多是少，对孩子来说也都意味着一种来自社会无形的约束。所以，我在两个儿子刚刚成为少年的时候，就把其中的一个送到面包房去打工，让另一个去中餐馆打工。其中那个被送往面包房的儿子每天要干将近20个小时的活，虽然我很心疼，但理智却告诉我，把鸟养在笼子里，它就会等着人去喂，只有把鸟放出去，它才能学会自己想法设法地去觅食。并且从这时开始，我还有意鼓励他们用自己挣来的钱为家里付水费、电费等，让他们体会能为家庭的开销付账的成就感，我认为，不能教育自己的孩子不看重钱，那样孩子长大了就可能不会花钱，因为不知道钱的重要其实是很可怕的。并且我始终坚信，苦难是最好的能力锻炼，如今，我的孩子们的学费都是他们自己赚的，他们也从中懂得了学习机会的来之不易，挣钱不仅没耽误孩子们的学业，反而激发了他们读书的欲望，最后他们也都以优异的成绩完成了学业，这就证明了我的做法是成功的。说实在话，我其实是个很重视孩子教育的人，但我对他们说，如果你能够顺利在学校学出好成绩，那么你就全力以赴学好它，如果你学不好，那就是在浪费时间，还不如请你不要浪费，赶快去赚钱。"

看到上面的这个例子，作为父母的你有什么样的感想呢？要想做个"坏"父母，我们首先就不要过于溺爱孩子，告诉他们想要过上富裕的日子，就得让孩子知道，你想得到的东西并不是每个人都会给你的，你一定要学会在逆境当中生存，即使在得不到的时候也仍然要持有一颗感恩之心。

中国有句老话："君子爱财，取之有道。"这句话用来形容精明的"坏"父母们教育孩子的理财之道可谓最合适不过。在英国，从家庭到学校，孩子在理财方面一直接受着精良的教育，家长会要求孩子分担家务来挣零花钱，并鼓励适龄的孩子利用课余时间出去打工。正是这种教育，使得孩子从小就有一种积极创造财富的意识。下面就是一个家庭生活条件其实很不错的小男孩儿自己挣钱的故事：

杰克今年15岁了，家庭经济状况很好，从来不愁吃穿，但在父母的教育下，杰克始终明白，天下没有白吃的午餐，即使是一分钱，也是要靠辛苦的劳动来换取。英国法律规定，13岁以上的少年可以担任报童，其实这时的杰克已经任报童工作一年多了，每天早晨6点到7点是他工作的时间，不论春夏秋冬，杰克都风雨无阻地挨家挨户去送报。除了送报纸，杰克还有一种挣钱方式，那就是当邻居由于出差或生病不能遛狗或给狗洗澡时，杰克的工作机会就又来了，邻居们会打电话让杰克来帮忙遛狗或给狗洗澡，但这两项工作是需要一定经验和技巧的，杰克小小的年纪在这两方面的技能已经非常娴熟，这个工作他干得得心应手，而且还能得到非常可观的收入，认识杰克的人都说，杰克今后一定能成就一番大事业。

看完了这个例子，相信很多父母内心都有了自己的感悟，所以"坏"父母们始终需要培养孩子对于金钱与劳动的关系的正确意识，孩子需要明白钱是要靠自己努力争取的。所以有的时候，家长就需要"坏"一些，不要让孩子从自己兜里拿钱拿得那么容易，要有意识地锻炼他们，只有这样，他们才能更深刻的明白钱是多么的来之不易，而自己今后的生活只有通过劳动才能创造价值。

总而言之，孩子终有一天要自立，不再向父母伸手，而是要通过自己的劳动获得生活的来源，所以家庭状况无论怎样都不应该成为左右父母们教育孩子热爱劳动，并通过劳动来获取酬劳的前提，无论什么家庭，都应该懂得"穷养"孩子的这一教子之道。

"坏"父母妙招

当父母们觉得孩子已经可以尝试着迈入社会时，就应该多鼓励孩子，让他们利用假期的时间打一些工，即使挣的钱不一定比家长们给的零花钱多，也要要求孩子尽量坚持下去。

培养心里有数儿的小当家

对于孩子来说，理财的概念或许太过于复杂，但即使是孩子，特别是在他们对金钱有了萌芽的概念以后，对于如何理财和当家，便会产生一份强烈的好奇，聪明的"坏"父母应该在发现了孩子已基本具备一定的管理能力和理财欲望的时候，适当地"偷懒"，试着让孩子去当一回家，这样不但有益于培养孩子独立处理和解决问题的能力，还能够及早地树立孩子良好的家庭责任感和价值观。

教孩子理财，说白了，就是教孩子如何去过日子，让孩子也尝试一下当家做主的感觉。其实很多时候，我们也并不需要真的大张旗鼓地去把一个月的费用交给孩子去打理，只是需要在某些关于家庭开支问题上做决策时，尽量也听听孩子的意见，让孩子也能感觉到对于家庭资金的支配感。以下是一位父亲在这方面的教子经验，我们不妨借鉴一下：

我从儿子上小学开始，就有意识地让儿子参加家庭一些重要的财务决策，我、太太、儿子各有一票表决权，两票同意就算通过。记得有一次逛商场时，我看中一个价格不菲的手包，我太太说那手包不好看，可我却很喜欢，于是就问儿子的意见，儿子说："我觉得挺适合爸爸的。"投票结果自然是二比一，最后我买下了那个手包。事后，我跟儿子说："谢谢你，要不这个手包我就买不成了。"儿子听后明显得甚是得意。还有一件事，因为北京的限行制度，每辆车一周有一天不能上路。我太太是搞业务工作的，每周有一天不能开车觉得特别不方便，我就想再给太太买一辆车，可她总觉得不划算，始终不让我买。最后，还是儿子把赞成票投给了我，理由是：妈妈能每天开车，就能更好地做业务，才能赚更多的钱给家里。所以，我觉得，千万别老拿孩子当小孩儿，更别以为孩子什么都不懂，适当地把孩子当大人对待，或许还能有意想不到的收获。

此外，教孩子学会正确地支配自己的零花钱，也是一种变相让孩子尝试当家做主的好办法，同时还能很好地培养孩子的金钱意识，让我们来看看下面这个妈妈的经验：

我儿子今年上一年级，一直以来他都有一个不好的习惯，他在做作业的时候，每次写错一两个字就索性撕掉一整张纸。我常常告诉他要爱惜自己的东西，这样很浪费，可他却始终改不了这个毛病。记得有一天，我送他上学，他说："妈妈，我要买两个作业本。"我很吃惊地问："妈妈昨天不是给你买了吗？"可他却无可奈何地说他已经用完了，我当时真拿他没办法。作业本还是小事，可是买玩具却没有那么便宜了，许多很好的玩具他常常是只玩过几次，便厌烦地丢掉了，然后再买新的，一点儿都不心疼。终于有一天，我下了狠心，在接儿子放学时，我宣布说："从今天开始，妈妈每天只给你一块钱零花钱，你的学习用品以后都要自己负责。"儿子一开始还很高兴地蹦起来，觉得自己终于有零花钱了。过了两天，他又像往常一样闹着要作业本，我就问他："妈妈每天不是都给了你零花钱吗？"儿子说："我的零花钱都买作业本和铅笔了。"于是我抓住机会，耐心地教他："在使用转笔刀的时候，你不能用力过猛，那样笔芯很容易断，铅笔也就用完得快，另外，作业写错了，可以用改正纸改正过来，不需要撕掉一整张纸。"我还趁机教育他："勤俭节约是一种美德，也是对爸爸妈妈用辛勤劳动所换来的金钱的一种尊重。"从那以后，渐渐地，我发现儿子没有以前那么浪费了，他除了添置一些必要的文具外，居然还存下了八块钱。对于自己喜欢的玩具，他知道自己钱不够买不了，眼巴巴地站在柜台前看，我便假意借给他钱，告诉他让他用以后的零花钱慢慢还。儿子开心极了，并且在如愿以偿地得到了那个玩具后，开始特别爱惜自己花钱买来的东西。从那以后，儿子知道了不浪费自己的作业本和铅笔，就可以把零花钱存起来，也知道了在用零花钱之前需要好好地计划。

　　让孩子学会使用零花钱，可以有效地培养孩子勤俭节约的良好习惯，帮助孩子养成储蓄的好习惯，同时还可以锻炼孩子自己解决问题的能力。家长们不妨适度地给孩子零花钱，但记住，一定要配合正确的引导，这样才能让孩子自己理财，培养心里有数儿的小当家。

　　此外，让孩子当家的形式也有很多种，歌词中唱得好："不经历风雨，怎能见彩虹？"对于小孩子来说，如果没有"当家"的经历，又怎能知道父母的辛苦呢？所以，放手让孩子当家，也包括让孩子尝试着去承担一些家务劳动，做一些父母当家时需要为家里所做的事，还可以让孩子在辛苦中明白父母的不易，在辛苦中懂得对父母感恩。

以下是一些孩子们在尝试了一次体力上的"当家"过程后所写下的感言：

"我拿着湿漉漉的拖把，胡乱地在地板上拖了几下，可是却发现原来脏的地方还是很脏，原来不脏的地方也变脏了，整个客厅被我弄得惨不忍睹，面目全非，只好重来了，不知妈妈平时是怎样拖地的呢？"

"第一次给全家人摊鸡蛋，我把鸡蛋打到锅里，等了一会儿，我去翻，可是鸡蛋不听话，就是翻不过去，妈妈笑话我拿铲子就像拿铅笔，又给我示范应该怎样拿，我憋着一股劲，费了九牛二虎之力才把鸡蛋翻过去，原来摊鸡蛋比做数学题可难多了……"

"爸妈不在家，让我当家，自己照顾自己一次，早上一起床，我从冰箱里拿出了黑糯米元宵，抓出了几个随手放到锅里，然后就忙着去刷牙洗脸了，可等我回来一看，锅里面全是黑水，连元宵的影儿都不见了！原来，我把黑糯米元宵都给煮化了……"

"这一天的体验使我发现，自己还有那么多缺点需要改正，同时也深深地感受到了家务劳动有多么的繁重。今天虽然是我当家，但是我的劳动不但没有减轻爸爸妈妈的负担，反而使他们更累了，这真让我惭愧。不过我想：明天、后天、将来，我一定会逐渐熟悉这些家务活，会干得越来越得心应手，到时候我一定会让爸爸妈妈真正轻松起来的！"

可见，孩子们在这个当家的过程中，不仅能够切身体验到父母的辛苦，如原来天天吃的鸡蛋这么不好煎，原来地板远没有我想象的那么好拖，原来妈妈每天给我讲故事也不容易等等等等，孩子们在实践中收获了许多体会，也在体验中的得到了有意义的锻炼。这不但使孩子们懂得了家务劳动并不像看上去的那么简单，也能促使孩子们改掉许多因为之前不理解而无法改掉的坏习惯，在以后的日子中不再抱怨饭菜的不合口，不再挑食留下剩饭……让孩子们多为父母做点家务，也就等于给孩子们机会去多体谅父母的"难处"。当孩子真真切切地发出持家不易的感叹，那么恭喜你，作为一个"坏"家长，你已经初步地达到自己的目的了。

"坏"父母妙招

1. 每周在家中制定出一天"体验日"，放手让孩子去买菜、做家务，再让孩子从中总结经验，再接再厉，争取下次做得更好。

2. 鼓励孩子把每次没有花完的钱存起来，等数目足够大时，让孩子自己决定如何应用这笔钱，可以让孩子考虑为家里购置一些东西，比如更换孩子屋中的小桌子、为厨房买新的餐具等。

零用钱是要"挣"的——有偿生活机制法

曾经有一部风靡一时的美剧——《成长的烦恼》，不知道大家是否看过，那里面所展现出的美国家庭对于孩子零用钱的教育方法始终被许多精通教子之道的聪明父母们所津津乐道。

在美国，子女们的消费并不是全部由父母支付的，孩子们从小便开始树立了对金钱的支配意识。随着经济的发展和生活水平的提高，美国儿童手中的零花钱也的确是越来越多，通常他们的"小金库"少则数十美元，多则上百美元，而这样的一笔数额，在美国当地对于孩子来说应该算是一笔小小的财富了。那么，这些钱从何而来，孩子们又是如何使用和支配这些钱的呢？正在读小学的男孩杰克毫不掩饰地把自己的"来钱之道"告诉了同伴，他说："我每干一次家务活，我的爸爸妈妈就会给我一定数额的零用钱作为回报，我把钱放到储蓄箱里，等到圣诞节的时候，就可以买自己喜欢的东西了。"另一名叫大卫的男孩也马上炫耀起自己类似的经历，他说他每次帮助父母除草，都可以得到7美元的报酬，因为除草是一件很累的体力活，他却能完成得很出色。

或许中国父母们听了会觉得有些奇妙，孩子为父母做事还要获取报酬，或者换句话来说，父母为什么愿意在家庭中建立这种有偿的机制？特别是对象为年幼的孩子。实际上，仔细想来，这一点儿也不难以接受，而且上述情况在美国已经十分普遍。儿童很小便开始接受商品经济观念的熏陶，就像整个社会有偿机制对人们灌输的概念一样：付出劳动理所当然地应该获得报酬，可以说，在美国这是一条几乎连自家人也不例外的"金科玉律"。

"坏"父母们的教育理念也正是这样，他们认为每个孩子手中都应该有零花钱，而这些钱大多是需要他们通过帮助父母或家人做家务劳动而挣来的。"坏"父母们付给孩子报酬，当然并不是因为亲情不够浓厚，其实他们大多是出于以下三种考虑：一是遵守按劳付酬的原则；二是顺水推舟地便可以把零花钱发给孩子，让他们能有一定的钱可以购买喜欢的零食和必要的学习用具；三是通过这种方式，还可以轻而易举地便让孩子们得到一些切实的劳动锻炼，培养劳动技能。一些身为富豪的"坏"父母虽然很悠闲，但对子女也"苛刻"地实行着"不劳动者不得食"的家庭有偿生活机制，迫使孩子们从小便摒弃掉"不劳而获"的思想，树立"靠自己的双手吃饭"的观念。我们不得不承认的是，在这样的教育下，大部分孩子完全具备妥善使用自己手中零花钱的能力，而并不是随意乱花，正是由于这是他们自己的劳动所得，因此他们才有

一种珍惜的意识，钱也一般能够用到对于他们来讲最重要的地方。

其实，孩子手中有一定的零花钱本身并不是坏事，关键是要正确地教育和引导他们如何支配和使用手中的钱，从小树立正确的劳动观和消费观。所以，还没有效仿"坏"父母们这种做法的家长们不知道应该怎样来操作，不如让我们来看看下面这个小男孩的故事，看是否对希望成为"坏"父母的家长们有所启发。

其实，让孩子通过劳动来挣取零用钱的例子非常常见：

这个小孩名叫乔丹，成长于一个单亲家庭，乔丹的母亲是一位开朗的单身母亲，思想开明前卫，她疼爱孩子但并不溺爱，有着令人羡慕的教子绝招。有一天，乔丹突然来敲我家的门，开门便对我说我们家的车该清洗了，而他是个绝对合格的洗车手，可以为我们做这个工作。我当时吃惊极了，看着眼前的乔丹，他只是7岁的小孩子，在中国人的意识里，7岁的孩子绝对还是一个需要照顾的对象，怎么能让他来做洗车的工作呢？他能胜任得了吗？所以出于礼貌，我很客气地拒绝了他。可是后来儿子告诉我，乔丹真的可以洗车，儿子不但看到过乔丹冲洗自己家的车，也看到过他帮助别的邻居家洗车。干活时，乔丹还有专门的"工作服"，他会戴着帽子，穿着胶鞋，用专用抹布和清洁液，一副认真的样子，并且能将车子冲洗得非常干净。后来我还得知，每年的秋天也都是乔丹挣零用钱的好时机，他会把我们小区遍地掉落的苹果拾起来，洗干净，然后每10个装一袋，到各家去敲门推销，价格当然很便宜，每次来我家时我都十分愿意购买，他还会很礼貌地连声道谢。有时在路上遇到乔丹和几个小朋友提着水果袋兴奋忙碌，我会打趣地问他们今天挣了多少钱，可爱的小朋友们会真的停下来，数数他们挣的钱，然后很骄傲地告诉我。

其实回头想想，我们许多父母们也始终没有忘记时刻教育自己的孩子"劳动是最崇高的，劳动习惯是最可贵的习惯"这样的理念，"坏"父母们却做得更具体和到位，他们的理念是要尽可能地给孩子们多创造一些参加劳动的机会，并且可以尝试着有意识地将家务劳动与零花钱进行有益的挂钩。随着年龄的不断增长，孩子对金钱势必会产生越来越强烈的追求意识，希望能有属于自己的钱，并让自己自由支配。要理解孩子有这种想法是很正常的，家长要做的就是把金钱和劳动的关系解释给孩子，耐心地给他灌输有关二者关系的正确的观念。

怎样做才能让孩子切实地懂得劳动的可贵和金钱的来之不易呢？如果家长只是一味地简单告诉孩子"不劳而获"是可耻的行为，孩子一定无法深刻地理解，还会觉得父母是在进行夸张的说教。所以，家长有义务把劳动、物质创造与享受成果这三者之间的联系给孩子讲清楚，让他们知道，随着自己渐渐长大，他们会逐渐具有参与劳动创造的义务。而且，劳动是每个人一生都必须从事的活动，任何人所享受的物质生活，都是无数人辛勤劳动的成果，所以每个人都必须付出劳动，我们的社会才能和谐地发展，个人也才能在社会中找到立足之地。

"坏"父母们通常会具体可行地规定出怎样让孩子用劳动换取零花钱，比如，让孩子一个月或一星期时间完成刷碗三次、扫地四次、每天喂一次小狗等，然后按照孩子的工作量给零花钱，这种方法能够让孩子对金钱有一个具体的概念，并且切实地体会到金钱是和他付出的劳动紧紧关联在一起的。慢慢地，通过"坏"父母们在家庭中建立的有偿生活机制，孩子就会明白，自己付出一定量的劳动从而得到相应的金钱报酬，是合情合理的事情。而且，让孩子有偿地做一些事情，有助于让孩子逐渐认识到有关金钱数量的概念和储蓄的观念，还能使他们从中体会到父母挣钱的辛劳。

"坏"父母妙招

1. 做家务也有做得好坏之分,"坏"父母们不妨在有偿生活机制法的基础上,对于孩子做家务的态度、效果等方面再进行评估,对于孩子完成得比较出色的事情,给予一定额外的"奖金"。

2. 同样地,对于孩子做得不好的地方,"坏"父母们也可以给予孩子一定程度经济上的惩罚,比如孩子在学校惹了祸,下一个星期的零花钱就减半等。

第三章
懂得放手，让孩子在摔打中成长

懒妈妈胜过好妈妈，别小瞧了孩子，更别高估了自己，不是所有事你都能做得比孩子好，请相信，有一种爱，叫做放手。

别把每个孩子都当天才

相信每个家长都听过这种说法，许多书上也常常这样写道：每个孩子都是天才。于是父母们怀着望子成龙、望女成凤的心理，对孩子盲目培养，无端寄予厚望，却忘记了"拔苗助长"的典故，所以，聪明的父母不会把每个孩子都当天才，对孩子盲目培养。

人，能力有不同，水平有高低，这是不争的事实。按照专家给出的标准，所谓天才，一定是极小的一个群体，恐怕连爱因斯坦都很难入围。如果父母们真的将孩子都误当做天才来严格要求和培养，不仅无助于孩子成才，还使自己和孩子都会疲惫不堪，甚至可能酿成苦果。

在这里，想来许多家长都存在一个误区，那就是以为聪明的孩子就等于神童，其实这正是当下许多父母在教子方面最大的误区。或许下面的例子能帮助父母们正确看待自己的孩子：

8岁的阿比·尤洛在美国是个家喻户晓的人物，因为从3岁开始，她便多次出现在电视节目中，展示自己对政治独有的敏感和热爱。她可以在1分钟内按顺序说出历任美国总统的名字，还会背诵肯尼迪总统的就职演说。

和所有3岁的孩子一样，阿德里安喜欢玩游戏、吃冰激凌，但他有个特殊本领是其他3岁孩子没有的：他能说出美国50个州的首府，并知道100多个国家的首都。

莉莉·加斯金斯刚满两岁，话还说不清楚，却能在地图上指出78个国家的位置，为此莉莉的父亲非常骄傲，常常大张旗鼓地称自己的女儿为"我们的小天才"。

对此，美国斯坦福大学心理学的研究人员们却认为，以上这些孩子固然拥有着超乎常人的记忆力，却与神童是两回事。他们对于神童的定义是这样的："所谓神童，是对数字、语言、音乐、运动等有深刻而超乎年龄的理解，他们会以崭新而独特的视角看待事物，并且富有惊人的创造性。"所以，只有像音乐家莫扎特和高尔夫健将泰格·伍兹那样的人，才是真正的神童。莫扎特4岁公开演出，5岁作曲，8岁便已经独立创作交响乐；泰格·伍兹1岁半打了生平第一洞，并且平了标准杆，5岁在标准高尔夫球场上就已经能够用九十几杆的好成绩来傲视高尔夫赛场上的群雄。

每个孩子都是天才的说法，冷静之后来看，不过是自欺欺人罢了。父母们爱孩子、相信孩子，期待他们成才，但不能以"天才"的标准来给他们早早地便戴上帽子。与其说"每个孩子都是天才"，不如说"天生我材必有用"，教育他们正确看待自己，认清自己的位置，告诉他们人非生来就是圣贤，只有通过不懈地努力才能取得进步。此外，还请父母们也能深深地领会到，即使孩子没有特殊才能，也不是什么太使人烦恼的事情，只要想到爱因斯坦也不是什么天才，而是个小时候很迟钝的学生，但是最终通过努力，也终究能够成才的事例，就会释然了。

那么，父母们究竟应该怎样让自己的孩子尽量地向着"天才"的方向靠拢呢？上述的例子中，毫无疑问，阿比、阿德里安和莉莉都确实是非常聪明的孩子，而父母应该怎样对待孩子的聪明呢？或许在孩子心中，好父母应该对他们进行称赞以及为他们而自豪，但是专家们却认为，孩子们心中的好父母在教育成效上却不如懒惰的"坏"父母，因为比让孩子们活在自豪中更重要的是让孩子明白：聪明的头脑并非关键，如何使用才华才最重要。

发掘每个孩子的潜力，因材施教才能真正培养出天才。当你相信孩

57

子是天才的时候，更重要的是怎样发掘孩子的潜能，让所谓的天赋能够有正确的施展方式。让每个孩子都成为天才，并不是说每个孩子都是天生的成功者。然而父母们可以相信，每个人都有与众不同之处，每个孩子都有成为成功者的可能，教育的目标是让每个孩子享受自信的快乐，健康成长，父母要做的，是成为孩子成长道路上优秀的勘探者。父母们和孩子们要同时永远地记住：聪明只是天才的配料，勤奋才是天才的主菜。

我们在观察孩子们的天赋时，可能会很容易地发现，有些孩子对音乐敏感，有些孩子对语言敏感；有些孩子的记忆能力比较好，而有些孩子的观察能力则比较强……每个孩子在不同的领域的能力是不一样的。所谓的因材施教，也就是顺应孩子的优势领域进行发展，同时尽可能提升孩子的劣势区域。很自然地，进行"因材施教"的前提是了解孩子，把孩子在各个领域上的能力综合起来，才能比较全面地制定对孩子因材施教的具体方向和方针。

但有一点也是需要提醒父母们特别注意的，那便是，当今社会，需要的是全面发展的人才，父母们一定要记住不要因为过于重视培养孩子某一领域的能力，而完全忽略或错失了对孩子劣势领域的培养，毕竟，单条腿走路的人总是会比全面健康的人面对坎坷时更易摔倒。下面的例子便值得父母们引以为戒：

佳佳从小就对音乐有着特别好的感觉，从3岁起，只要妈妈一播放有节奏的音乐，佳佳就会不自觉地随着音乐欢快地跳起舞来。妈妈很快便发现了佳佳的这个天赋，于是就让孩子在3岁时参加了国标舞培训班。佳佳学得很开心，进步也很快，妈妈更加坚定了对佳佳在音乐方面的学习，于是在妈妈的安排下，佳佳投入了很多时间接受音乐、舞蹈方面的培训，进小学的时候，佳佳已经能够跳出一套非常优美的拉丁舞了。上了小学后，佳佳的学习成绩也是非常优秀，在舞蹈上的坚持学习也让佳佳对音乐越发自信。这种状况一直持续到初中开始学习几何。佳佳发现几何特别难，发展到最后，佳佳对几何彻底丧失了信心，数学成绩严重被几何拖了后腿。经过心理专家诊断性测试，发现佳佳在认知能力上发展严重不均衡：她对形状和空间位置不具备思维能力，并且思维方式偏向发散，记忆力好，但形象思考能力和逻辑演绎推理都比较差，这是导致她几何学不好的直接原因，然而由于错过了最佳的培养期，佳佳在思维能力上的弱点一直影响了她之后在理科方面的全部学习，只剩音乐是她的强项了，可对于考大学来说这却远远不够。

从这个案例中，我们或许能多少找到自己的影子，因为在生活中，很多家长都在刻意用心观察着孩子的天赋领域，并且一旦发现孩子在某一领域所表现出的特长，便不惜重金，对孩子的这些特长进行不遗余力地培养。但可悲的是，他们往往容易在此过程中彻底忽略掉孩子劣势领域，形成一味强调强势领域的"扬长"，而忽略对弱势领域的"补短"，反而对孩子的将来非常不利。所以说，家长要在了解自己的孩子的基础上因材施教，不但要努力发展孩子的优点，还要直面孩子的弱点。

同时，不管你的孩子究竟是不是天才，或者将来能不能成为爱因斯坦式的人物，都要教育孩子挫折和失败是我们的朋友，要锻炼孩子克服困难的能力；还要告诉孩子，头脑和肌肉一样，只有经常使用，才能越来越强。而作为父母，我们只需对孩子付出的努力和取得的进步表示赞赏就够了，至于结果，又何必那么计较呢？说到底，一切都是孩子自己的事。

"坏"父母妙招

1. "坏"父母们要明白，大人们眼中的"天才"，在孩子们眼中或许只不过是不合群的"书呆子"或是父母们的"乖乖仔"。

2. 苛求孩子就是跟自己较劲,孩子也痛苦,父母更难过,所以,"坏"父母们只会用自己孩子的现在和过去比,只要孩子在不断地进步,就应该感到欣慰和满意。

让孩子独立思考

爱因斯坦曾经说过:"学会独立思考和独立判断比获得知识更重要。不下决心培养思考习惯的人,便无法体会生活的最大乐趣。发展独立思考和独立判断的能力,应当被始终放在首位,而不应当把获得专业知识放在首位。"

当今社会,需要每个人都具备独立思考的能力和习惯,而不是只会听家长和老师的话,做没有主见的乖宝宝。社会是一个丰富多彩的大课堂,父母们应该尽早放手,让孩子从小学会自己做主,学会和形形色色的人打交道。这不仅有利于孩子对真善美进行有效的区别,能保护孩子纯洁的心灵不会轻易便受到污染、欺骗和伤害,还能不断提高孩子们分析问题、解决问题的能力,这对孩子建立独立健全的人格有重要的意义。现在有许多父母为了不让孩子吃苦,什么事情都舍不得让孩子去做,事事亲力亲为,以为一切都帮孩子做好了,不需要孩子操一点儿心才算是个尽职尽责的好父母,甚至连吃饭、睡觉、玩耍这些方面都不鼓励孩子去独立思考、独立决定,从而导致孩子完全离不开父母,当孩子遇到困难时,父母常常毫不犹豫地就帮孩子把困难解决了,久而久之,当孩子再遇到困难时,自己也不愿意思考,就指望父母的帮助,具有严重的依赖情绪,长此以往,便扼杀了孩子的思考能力,更谈不上解决问题的能力了,所谓的好好父母变成了育失败的父母。

在今天，我们已经处在信息时代，头脑风暴、知识爆炸，客观上对每个人的思考能力都提出了一定的挑战。愈有思考能力的孩子，求知欲望就愈强，创造力也就愈强。只有具备了这种能力，他才能够与时俱进，迎合社会发展的需求。

人的思考能力是无可替代的，也是无法被别人所掠夺的，人类社会任何一个有意义的进步都出自思考，可以说，思考铸就了一个人的一生，是人生的支撑力量。但敏锐的思维并不是天生的，而是需要严格的训练和培养的，所以，做个懂得在关键时刻偷懒的"坏"父母，在适当的时候着力培养孩子的独立思考能力，才是成功家教的关键。一个孩子能否成才，最关键的还在于能否从小便进行有效的思考能力的锻炼。世界上那些有杰出贡献的人，他们都有一个共同点，那就是善于思考。

世界首富比尔·盖茨的最大特点就是热衷于不停地思考，这种性格从他很小的时候便凸显出来。当母亲叫他吃饭时，盖茨总是一副充耳不闻的样子，甚至整天躺在他的卧室里不出来。当母亲问他都在干什么的时候，比尔·盖茨总是说："我正在思考！"有时他还责问不解他的人："难道你们从不思考吗？"直到现在，微软公司还流传着这样一种说法："和大多数人谈话就像从喷泉中饮水，而和盖茨谈话却像救火的水龙头中饮水，他会提出无穷无尽的问题，让人无法应付过来。"自然，比尔·盖茨之所以能有今天的巨大成功，与他从小养成的善于思考的习惯绝对是密不可分的。

独立思考是积极主动的思考，那么，作为一个"坏"父母应该如何培养孩子独立思考的能力呢？

首先，便是给孩子营造独立思考的氛围。孔子说过："学而不思则罔。"这句话强调了思考的重要性。孩子其实是非常喜欢问问题的，他们的好奇心一起，便会开始一连串地问："为什么？"父母们如果能够正确引导，而不是在不能回答孩子的一些奇怪的问题时压抑他们的好奇心，要知道孩子的好奇，正是探究新奇事物的开始。常常听到父母们抱怨自己的孩子不爱动脑筋，但父母们需要深思的一件事是，在孩子成长的过程中，父母们又给了他们多少思考的机会呢？要知道，每个孩子都有一定的独立思考能力，当孩子有了不解向父母求助时，父母首先要鼓励孩子认真思考一下，让孩子学会思考是家长的责任。如果孩子真的想不出来的时候，父母也要学会引导孩子思考。独立思考的氛围和机会对孩子形成独特的个性，表现有创新意识的举动是非常重要的。创造这种氛围，就需要父母们允许孩子有稀奇古怪的想法存在，给孩子一个自由发挥的空间，接受来自孩子的建议等。此外，让孩子在平等的气氛中成长，没有拘束和压力，也能够促进孩子开放思维的形成，开拓创新意识。以下是一位父亲的心得体会：

　　儿子喜欢下国际象棋，我和爱人在培养儿子下棋的过程中从来都遵守着放手让儿子去独立思考的原则，一次，儿子和一位小姐姐对弈，为了不干扰儿子下棋的思路，我们采取了远观的姿态。两人下得针锋相对，不分伯仲，然而关键时刻对方父母却在一旁时时献策，儿子不敌，失去了宝贵的"皇后"，但儿子似出生的牛犊，没有丝毫认输的迹象，继续集中注意力思考着方略，最终趁对方不耐烦之际用双车把对方的"国王"死死封杀，赢得了胜利。而那位小姐姐却在家长的埋怨声里掉下了眼泪。我认为，作为父母，他们这样的教育方法是不利于孩子成长的，下棋正是锻炼孩子独立思考的好机会，学国际象棋，说到底是让孩子锻炼思维能力，培养抗挫精神，赢棋并不是下棋最重要的追求。

　　在父母努力启发孩子的创造力时，也要注意同时培养自己的创造力，使自己成为能与孩子的创造力互动的可爱父母。真正成功的"坏"父母，应该能与孩子一起学习、一起成长，知道何时给孩子掌声，何时给予他们指导。

　　其次，便是给孩子发表意见的机会，多听孩子说一说，允许孩子发表自己的真实看法。在生活中，有些孩子往往不敢发表自己的意见，但如果当孩子对成年人说出了自己的真实看法时，以成年人的眼光来看无论是错是对，做父母的都首先要鼓励孩子独立思考。如果想法不对，家长应该以平等的态度提出自己的见解，再由孩子来自行判断，而不要把自己的想法强加给孩子。当孩子在讲自己的理由时，父母也最好不要中途打断，无论自己多么不同意，都一定要让孩子把话说完。孩子的观点无论正确与否，只要能充分阐述，就有助于提高他们的独立思考能力。对于孩子的正确意见，父母们要先进行充分的肯定和表扬，让孩子增强发表意见的信心。当孩子受到了鼓励，以后就会更加积极主动地去独立思考，这样也就达到了父母培养孩子思维能力的目的。

"坏"父母妙招

　　1. 耐性和想象力是"坏"父母们在培养孩子独立思考能力时最亲密的两个朋友。

　　2. 生活中如果某一个决定不那么难，比如饭后是吃冰激凌还是吃水果这样的问题，父母们就要问问孩子了，或许孩子还想吃苹果派呢，不要认为许多小事儿不需要独立思考，其实能力正是通过小事儿一点一滴锻炼出来的。

自己的事情自己做

一名品学兼优的大学生由于生活不能处理，因而放弃了公派出国留学的机会。听上去这就像是个天大的笑话，可这是一个千真万确的事实。从20年前我们的社会就在呼吁家长们正视对独生子女的过分溺爱问题，鼓励家长们着重培养孩子从小就有自己的事情自己做的独立意识和能力，因为只有在孩子树立了独立自主的精神，一切发展才有实现的可能，才不会出现上述那样匪夷所思的事例。

可是在现实生活中，一些家长舍不得让孩子自己动手做事；有一些家长由于工作忙，嫌孩子做事慢，反而觉得是在给大人添麻烦，干脆什么都自己代劳；还有一些家长对孩子要求太高，常把一些以成人标准来要求的事交给孩子，这样不仅不能提高孩子的处理能力，而且会使孩子因太多次的失败而产生畏缩、厌烦甚至是逆反的心理。

我国教育家陈鹤琴先生说："凡是孩子自己能做的事，让他自己去做。"谨记这番话，不仅对培养孩子的独立性、自理能力是很重要的，同时也能培养孩子的责任感，使孩子能对自己的生活、行为负责。儿童心理学研究证明，幼儿期心理活动的主动性明显增加，凡事都喜欢说"我能"、"我自己来"，喜欢自己去尝试和体验一些力所能及的事。所以，"坏"父母们认为要珍视孩子的这种独立愿望，并有效利用这个关键时期，鼓励引导孩子做些力所能及的事，比如自己吃饭、穿衣服、叠被子、系鞋带、整理背包等。从幼小时学做一些切身的、简单的劳动，对孩子一生都将有良好的影响，在上学后，孩子也会逐步养成爱劳动、爱整洁、有条理的生活习惯，有利于长大以后学习专心、做人严谨。因此，"坏"父母们提醒家长们要重视培养幼儿"自己的事情自己做"的好习惯。美国教育学家爱雷马洛尼提出：培养孩子的要诀之一，就是"能够早让他们自立"。他认为过分地保护只会妨碍孩子从生活中通过自身实践去获得有效的经验教训，从而阻碍了他们的成长。

在我国，很多父母心中存在一个误区，那就是认为只要孩子学习好，总有一天会自立，不需要刻意培养，家长认为只要孩子学习好，其他的什么都不用管。报纸上有这样一篇文章跟上述的那个留学生的例子如出一辙：

某某是个非常聪明的孩子，为了培养孩子，妈妈几乎包办了孩子的一切，只让孩子看书，孩子在13岁时就考上了一所重点大学，并引起了新闻媒体的关注，正在人们为母亲的伟大成功赞叹不已时，孩子肆业回家了，原因是因为生活无法自理，在大学不能适应住宿的生活，不懂得与人交往。这是一个悲哀的例子，不能不引起我们的深思。做父母的，要对孩子放一只手，有些问题让孩子自己去尝试着解决。

让孩子学会自理，养成自己的事情自己做的好习惯，为的是促进孩子的独立性发展，这对孩子将来的学习、工作、事业，乃至一生的成长都是有好处的。因此，懒惰的"坏"父母胜过"好"父母，聪明的家长，应把握时机，及早地对幼儿进行自我管理能力的培养。如何培养孩子的自我管理能力呢？

其实，我们很多家长都没有意识到，儿童是可以做很多事的，有一项幼儿调查的结果显示：3岁的孩子就可以自己吃饭，穿脱袜子，扣纽扣，懂得玩具玩完后放在固定的地方的道理；4岁的孩子可以开始学刷牙、洗手洗脸、擦鼻涕，自己穿脱衣服，系鞋带，还能帮大人拿东西等；5岁的孩子已经可以用筷子吃饭，能够收拾自己的抽屉，折叠晒干的衣服，叠被子，完成大人给的一些简单的临时任务；6岁的孩子应该能够做到生活基本自理，在自理的小事儿上很少再需要让大人帮忙，并且愿意为集体做事，乐意帮助大人做事。

当我们知道了哪些是孩子自己能做的事，接下来就应培养树立"自己的事情自己做"的意识了。一般来说，小孩子都有"凡事自己做"的欲望，虽然孩子总是会出现错误评估自己的能力的情况，但关键看家长如何引导。比如，当孩子把左右鞋子穿反了，你是埋怨孩子学错了？还是干脆去帮孩子做呢？要知道，不管是哪一种，都恰恰是扼杀了孩子的主动精神，把孩子"自己的事情自己做"的欲望彻底毁灭在了萌芽状态。相反，如果家长在此时给孩子适当的鼓励："宝宝会穿鞋了真不错，不过仔细看看，你穿得对不对呀？"引导孩子自己发现鞋穿反了，并鼓励孩子重新穿一遍，那么，孩子的自信心就会大大地增强了，从此还学会了一项生活基本技能。

此外，生活中的许多技能还是很难的，父母培养孩子的自理能力，要由易到难、由浅入深地逐步提高要求，以适应孩子的发展需要。比如教孩子穿衣服，可以先教会孩子一般没有扣子的衣服怎样穿，再教扣纽扣，最后教穿多层衣服的方法。在孩子学习的过程中，父母还可以巧妙地运用一些有趣味性的故事、儿歌等增加学习的情趣。当孩子自己的事情基本能够自己做时，"坏"父母也一定要注意坚持这种培养的一致性和一贯性。要时刻记住孩子毕竟年龄小，所以坚持性不可能很强，做事需成人的不断督促。作为父母，尤其要注意，二人不能出现分歧，爸爸一个要求，妈妈一个要求，甚至爷爷奶奶也有自己的要求和看法，那孩子做起来也很难取舍，更不能今天一个要求，明天要求就变了，这样只会让孩子变得迷茫，不能正确地分辨自己的对错，所以，只有使孩子把良好的生活习惯保持下去，对孩子独立自主能力的培养才可能是成功的。

"坏"父母妙招

1. 对于年龄比较小的孩子，比如父母们正在锻炼孩子自己穿衣服的能力，那就不妨每天给予孩子多一些时间，比如早起10分钟，这样既保证了孩子上幼儿园不会迟到，也能让他有足够的时间去实践。

2. 在培养孩子某一样能力的过程中，父母们千万不要因为孩子暂时的能力有限就忍不住去帮一把，那样很容易前功尽弃，不管怎样，都要给孩子一个逐渐进步的过程。

宝贝，这次妈妈听你的

一个孩子在自己的日记中写到的：

说什么今年的衣服我自己挑，可是到底还不是要妈妈来决定！我适合什么衣服，难道世界上还会有人比我更清楚吗？我需要自己决定一次！

正如上面日记中写的那样，如今，与西方的孩子相比，中国孩子的普遍弱点在于缺乏独立自主的意识，依赖性强。出现这种情况跟父母的教养方式有极大的关系，我们现在的父母总是把孩子当成手中的宝，捧在手心怕掉了，含在嘴里怕化了，那份疼爱几乎包括了帮孩子做所有的决定，导致我们的孩子在自立自主上一塌糊涂，或者有做决定的心愿，像刚才那个例子一样，也被父母扼杀了，一是出于对孩子的不信任，二也是父母们包办惯了的结果。我们家长总是用自己的权威威胁孩子，使得孩子畏首畏尾，还会不自觉地在许多方面压制孩子的自由发展，也会使得孩子不够自信……

在许多父母心里，孩子再大也是自己的孩子，父母们总是以爱孩子为名，在自以为孩子一定会喜欢的前提下，替孩子做主了许多事情，甚至希望孩子几乎什么事情都不用做，当孩子长大了，虽然也觉得父母操心的太多，却又无法独立生活。所以，现代人教子，应该摒弃掉那种任劳任怨的父母形象，而是正视如今的孩子得到的呵护有余，锻炼不足这一客观事实，出让一部分父母的"权利"，多给孩子自己做主的机会，学会偷懒，懒父母、"坏"父母也许才是更优秀的爸爸和妈妈。要为孩子创造一些实践的机会，放手让孩子自己去做，其实，这难道不是更疼爱孩子的一种表现吗？"坏"父母在用自己的"牺牲"给予孩子尝试新任务的勇气和承担责任的机会，让孩子自己做主吧！"坏"父母应该通过不断地鼓励孩子来培养孩子的适应社会能力。相信每个为人父母者都希望自己的孩子能有责任感、能独立思考、能独立自主，那就应该从小培养孩子面对事实，自己解决困难，凡事让孩子自己拿主意。

或许很多父母会说，孩子那么小，什么事都让他们自己去做决定，那万一吃亏了怎么办？父母，自然有着保护孩子，避免让孩子受到伤害的天性。为了避免孩子自己做出决定而导致不好的后果，父母们通常会根据自身的经验尽可能地帮助孩子作出最好的选择。但是请父母们想一想，你们所谓的那些经验，不也正是因为曾犯过同样的错误，后来从中吸取了教训而得来的吗？而那些学到的教训则来自于错误和失败。请父母们切记，就像即使身为成年人也会犯错误一样，每个孩子都应该有选择、决定和犯错误的自由，不能因为他们年纪尚小，就不允许他们犯错误，恰恰应该相反，让他们在错误和改正错误的过程中成长。

其实，孩子们可以在他们很小的时候就自己作出一些简单的决定了。例如早上起床后，父母们可以让孩子自己选择要穿的衣服和裤子，而不要根据自己的喜好去左右孩子的选择。在培养孩子自己做决定的时候，父母们还可以尝试着给孩子两到三个选择，让他们自己从中作出决定。这种方式可以帮助孩子锻炼自己作出决定的能力。下面是一个妈妈成功的教子经验：

  为了培养孩子的自主意识，女儿三岁之后，我便开始放权，试着让女儿自己拿主意。平时烧菜，我都会让女儿帮忙，我会让她用刮皮刀削土豆皮、择豆角……在帮我搞了几次家里卫生之后，女儿就知道了要先擦高处的东西，最后再扫地。为了鼓励女儿自己拿主意，去超市买东西的时候，我也会征求女儿的意见，允许她挑一两件自己需要的东西。渐渐地，我发现女儿开始习惯自己拿主意，每天晚上听完天气预报后，她便会自己去准备明天的衣物；班上的小朋友过生日送什么礼物，只要女儿的要求合理，我也都对她的主意给予支持。当然，让孩子自己拿主意，也的确有许多不方便的地方，有时孩子会帮倒忙，但毕竟换来的是孩子一天天的独立、一天天的成长。让孩子自己拿主意是培养孩子自主意识最简单易行的方法，只要父母留心，生活中的机会还是很多的。

  当你在教年幼的孩子怎样做决定的时候，你也可以同时提醒他一些错误的决定可能导致的恶劣的后果。比如父母可以告诉孩子，如果把玩具随意扔到房间的地板上，可能导致的后果是那些玩具在一段时间找不到了；或者告诉孩子如果决定玩耍而不写作业的话，导致的后果就是会被老师留下补课。随着孩子一天天的长大，父母们可以让他们有更多的决定自由，只要选择或决定不是非法的，也不会带来严重后果的伤害，父母们还可以让孩子自己处理那些决定带来的后果。如果觉得孩子还不够成熟，还不能完全自主的做决定，父母们应该和孩子讨论那些选择，以及告诉孩子那些选择可能导致的后果。为人父母，也需要时刻提醒自己增强对孩子的价值观和信念的认识，相信孩子有能力作出最好的决定。

下面的这个例子也许会对父母们有所启示：

宏宏才七岁，却已经像个小男子汉了，遇到事情，一般都能自己想办法解决。宏宏的父母始终不过多地替孩子拿主意，只要孩子能做的事，他们绝不代劳，一般都会让儿子亲自去体验，自己能拿的主意让他自己拿。如果遇到宏宏举棋不定的时候，父母就会在一边当参谋，给他讲道理，然后仍然让他自己做决定。有一回，父母带宏宏去外地游玩，在一个公园里玩得太高兴了，父母一时找不到宏宏了。父母虽然也感到有些害怕，但知道宏宏记得父母的手机号码，即使找不到他们，也会想办法和自己联系的。果然，一会儿爸爸的手机就响了，果真是宏宏在一家小报亭前打的公用电话。宏宏在电话里说，到公园大门口等他，父母刚到公园门口，宏宏就从一辆出租车里钻了出来。回家后父母把这事讲给亲友们听，所有人都称赞宏宏的处事能力强。

只有做个"坏"父母，多让孩子自己拿主意，孩子才能快速成长，遇事也才能有自己的主见。也只有当孩子能自己处理事情时，做父母的也才能更放心。所以，"坏"父母们不妨多向孩子说一句："宝贝，这次我们听你的。"

"坏"父母妙招

1. 如果某一件事你已经答应了听孩子的，就不要再"临阵退缩"，哪怕事后再加以补救，也要让孩子感受一次做主的快乐。

2. 对于孩子自己的事情，尽量多让孩子自己去决定，千万不要让孩子形成习惯，一遇到选择就将求助的目光投向父母。

培养孩子的计划能力，监督就好

做事有计划对于一个人来说，不仅是一种做事的习惯，更重要的是反映了这个人的做事态度，是能否取得成就的重要因素。对于孩子来说，做事有计划同样是非常重要的，父母们需要从小培养孩子的计划能力。

孩子年龄比较小，做事情缺乏规划性是很正常的，要让孩子养成有计划、有目标的生活习惯，需要从一点一滴做起，慢慢进行培养。现实中许多孩子都有早晨起床找不到袜子或者生活用品的现象，这便是做事缺乏计划性和条理性的典型表现。其实，做事情缺乏条理、没有计划是儿童时期的一种自然反应，但是，如果父母在这一关键时期不注意引导，孩子们往往会养成不良的习惯，对于孩子来说，做事有计划可以帮助他们有条不紊地处理应该处理的事情，不会遇事茫然无措。在走向成功的道路上，做事没有条理、没有计划的孩子将会比其他孩子走得更辛苦，即是俗话说的多走弯路。

让孩子有计划有目标的学习和生活，"坏"父母们通常在最初的时候帮助孩子制定计划，并告诉孩子怎样去制定一个合理的计划。让孩子养成做事有计划的习惯，首先要让他对时间有紧迫感，不能得过且过，有"明日复明日，明日何其多"的想法，"世人苦被明日累，春去秋来老将至，朝看水东流，暮看日西坠。百年明日能几何？"如果孩子们不懂得珍惜时间，不抓住时间的分分秒秒，便只会白白地浪费时间。孩子越有时间紧迫感，就越容易做事先做计划。计划是什么？同样的事情，因为不同的安排，可能会产生不同的结果。所以，做计划时一定要找到合理的顺序和重点，才能起到最好的作用。以孩子的学习过程为例，预习、上课、作业、复习等环节都是不可缺少的，但若在这些方面都平均用力就失去了重点，孩子们应该根据自身的情况制定不同的计划，才能起到良好的效果。俗话说，一口吃不成个胖子，做好一件事情也需要一步一步地来。一个好的计划，还应该是劳逸结合、有张有弛的。"坏"父母们还明白，帮助孩子制定计划的时候，也不能太心急，一定要根据孩子的实际情况确立节奏。

有一位爸爸是这样教孩子有条理有计划地做事的：

这位爸爸是一位收藏爱好者，他发现自己的女儿常常乱放东西，用的时候又拼命地找，做什么都缺乏条理性。为了使女儿养成做事有条理的好习惯，这位爸爸就想出了一个好办法。

有一天，爸爸对女儿说："一个人如果爱好收藏，他就会感到很快乐。"女儿有些怀疑地看着爸爸说："是吗？那应该收藏一些什么呢？"爸爸回答："什么都可以，比如你喜欢画画，那就可以收藏各种美术作品。"女儿说："那很容易，我会收集好多好多画片的。"谁知爸爸却说："'收'容易，'藏'就不容易了。'藏'就是学会分门别类，就是要学会条理化。"然后，爸爸抓住时机，给女儿介绍了国际上流行的一种藏书条理化的"资料十进分类法"。在爸爸的指导下，女儿把自己的图书分门别类地整理了一下，而且把经常要使用的书放在比较醒目的地方，把暂时不看的书放在其他地方。这样，她就做到心中有数，在寻找图书的时候非常方便。更重要的是，女儿在爸爸的指导下，从此以后学会了做事有条理，她开始注重自己安排事情，比如，书包整理得非常有条理，衣服也分季节摆放得非常有条理等。

在日常生活中，许多孩子做事没有条理，事实上，孩子做事是否有条理，在很大程度上也需要身边的榜样来引导，所以，父母做事一定要有条理、有计划。父母要多带孩子去和做事有条理有计划的人学习和接触。父母在这件事上需要付出绝大耐心和恒心，还要善于抓住教育的契机适时引导。

以下是一位妈妈的成功经验：

有一位妈妈为女儿做事没有条理和计划而烦恼，她的女儿已经上小学二年级了，却是经常乱放东西，自己的房间更是乱得像猪圈。有一次，这位妈妈跟同事说起了此事，同事对这位妈妈说："我女儿以前也是这样，但是有一次，我家里来了个小客人，那个孩子做事非常有条理，每次都帮助我女儿整理东西，并且还教她怎么整理自己的房间，结果，我女儿现在做事也很有条理了。要不，你带你女儿到我家住两天，让我女儿教教你女儿好了。"于是，这位妈妈就把自己的女儿带到了同事家，两个孩子一见如故，玩得很高兴，当两人玩得差不多了，同事的女儿便很自觉地收拾起所有的玩具，并放回了原来的地方，而这位妈妈的女儿看在眼里，居然也帮忙收拾了。果然，她从同事家回来后，就学会把自己的房间整理得干干净净，再也不会乱放东西了。

父母们还需要明白的是，制定出计划仅仅是第一步，重要的是实施计划，孩子制定的计划，一定要让孩子严格按照计划去实施，让孩子懂得计划并不能仅仅停留于纸面上，而是要通过真正的实行去实现计划才是有价值的，家长只要学会监督就够了。

在日常生活中，父母要向孩子强调计划的重要性，当计划制定了以后，父母就要要求孩子必须按计划办事，不能半途而废。

以下这位妈妈的做法就很有效：

一位小学生做事非常磨蹭，尤其是写作业，总是一边做一边玩儿，本来没有多少作业，却非要拖到很晚。有一次，妈妈想了一个办法，她跟儿子约定做作业的时间只有半个小时。然后，半小时到了，儿子果然还差两道题目没做完，但是妈妈却毫不犹豫地说："时间到了，你不要做了，睡觉吧。"第二天，妈妈把儿子没做完作业的原因告诉了老师，老师也支持妈妈的方法。第二天天晚上，妈妈又这样监督孩子，儿子一开始做作业就很抓紧时间，效率明显提高，最后顺利地在半小时内做完了作业。从这以后，儿子做作业的速度和质量都提高了，而且，做其他事情的时候，也都会有意识地给自己设定一个时限，有计划有条理地去做事情了。

当然，在很多情况下，孩子毕竟是孩子，有些计划可能本身存在问题，标准不高，从而影响做事的效率，所以，父母们帮助孩子检查反思计划的可行性，也是帮助孩子做好一切事情的保证。

总之，做事有计划，是一个人工作、学习、生活的良好习惯，也是一种积极的生活态度。父母应该从小对孩子进行培养，让他们养成系统思维、计划落实、检查反思的良好习惯。

"坏"父母妙招

1. 对孩子的计划和想法要给予充分的尊重，即使你认为这个计划很难施行，也要在一开始鼓励孩子，而在孩子一筹莫展时再给予帮助。

2. 父母千万不要更改自己的计划，甚至"一百个主意到不了天黑"，这样会让孩子迷茫，无所适从。

不"侵略"孩子的领土

常常听到别人说希望能有自由的空间，这种空间不仅仅表现在客观空间上，比如一间屋子、一所房子、一块空地等，也表现在思想上独立

的空间，成年人有对上述这些自我空间的追求和向往，孩子也一样，给孩子自由的成长空间，可以使他们学会宽容谦让、和理解。

在思想上给予孩子空间，不予"侵略"，首先便是应该给孩子一些自由支配的时间。

阿冬是个很贪玩的男生，学习不用功，每一次都需要在妈妈的监督下才能写作业。为了改变儿子这种贪玩的习惯，阿冬的妈妈想出了一个办法。其实她心知肚明，孩子最想要的就是自由的时间，便与阿冬商量，如果他每天放学后把作业保质保量且按时完成，剩下的时间都由他自由支配，想做什么就能做什么。阿冬听了后，的确非常高兴，不由分说地就同意了妈妈的要求。从此以后，阿冬放学回家后第一件事情就是写作业，甚至有别的小朋友来找他玩，他也坚持要先做完作业，然后才肯高高兴兴地跟伙伴们一起出去玩。一段时间后，阿冬的学习成绩不但提高了，业余生活也比从前快乐了许多。

在不影响孩子正常学习的情况下，给孩子充分的自由时间，有利于孩子学会自主地安排事情，合理分配自己的时间。同时，给孩子更多自由支配的时间，也会使孩子更加快乐，这些都可以为孩子的创造能力的培养打下坚实的基础。

此外，孩子也需要"一个人"的空间，不知你的孩子是否也像下面这个小孩子这样：

毛毛今年5岁了，一看就是个很机灵的孩子。可最近毛毛的妈妈却有些担心，因为她发现毛毛喜欢上了"孤独"，经常会一个人陷入若有所思的状态，好几次妈妈看到毛毛独自坐在地上不知道在想什么，手里还不停摆弄，于是很关切地去问他，可毛毛却说"没干什么啊"。妈妈心中特别不明白，平时和毛毛那么亲近，难道孩子有什么心事还不能告诉妈妈吗？

现在父母们大多从心底希望自己能够成为孩子的知心朋友，也主张做孩子的朋友，多跟孩子谈心，然而很多父母却发现，孩子仍然有他们自己的"小秘密"，大人再怎么关爱他们，孩子们都仍然保留了一块自己的领土，只能自己进入。其实，孩子的"独处"非常正常，"独处"绝不只是大人的专利，小孩子也一样需要享受"一个人"的时空。而且，随着孩子年龄的增长，情感的发展也会越来越丰富，在独处中，孩子可以用自己的方式体验环境、解释问题，可以用自己的方法尝试玩耍、解决困难。而且，没有大人在旁边指手画脚，更保证了孩子完全依靠自己动手动脑的机会。

"独处"其实是在时间、空间上给予孩子的一种闲适，是孩子心灵自由的时刻，独处并不等于孤独。实际上，很小的孩子就有这种心灵自由的需要与能力了。研究发现：1岁内的小婴儿就会自己玩，而且听着音乐能很愉快地独处；随着年龄增长，孩子的自由度越来越大，可以主动选择脱离人群，一个人呆着。建议父母们能够珍惜孩子这种与生俱来的"孤独"，与孩子保持适度距离，给他们一个思考和历练的空间。要知道，父母与孩子虽然是最亲近的人，但终究也还是两个人，有"距离"是难免的，而且也是自然的。做父母的，能够放下架子，在生活中努力与孩子做朋友就够了，不要强求任何事都要孩子与自己分享，而且请相信孩子，假如他有需要肯定会主动来父母这里寻求帮助的。

随着孩子年龄的增长，许多父母们肯定会尽量满足给予孩子一定的空间，给孩子一间属于自己的房间。据心理学研究发现，从心智发展来看，让孩子自己睡一个房间，不但可以培养孩子的独立性、自主性，同时也有利于孩子发展"自我"意识，并且学会表达自己与众不同的想法及尊重他人。孩子如果主动提出肯尽早独自睡一个房间，应该是非常令父母们高兴的事情，这就表示你的孩子已经被培养出了独立的意识，可以忍受与父母的短暂分离，对往后的身心发展都有很大好处。

婴幼儿时期是人一生中最早的一个关键期，一个人成年以后的性格、个性、价值观念以及生活习惯、人际关系好坏等都与婴幼儿时期的发展有着密不可分的关系，而婴幼儿时期的发展，除遗传、学习等因素外，生活空间是否充足也产生着至关重要的影响，因此，让孩子拥有一个属于自己的空间更有益于孩子的身心健康。专家们还提醒，让儿童拥有自己的空间，对儿童的心理健全和人格发展也有着非常积极的影响。如今许多父母都开始注重儿童的实质需求，甚至还很讲究对儿童房间的布置。当儿童拥有了一件自己满意的房间后，会对家产生一种更强烈的归属感，并且有助于其了解自己的重要性。

当下，虽然很多父母们能够明白给予孩子一个生活空间的道理，却往往不经意地"侵犯"孩子的领土，听听下面孩子们的心声：

"我妈妈老是喜欢找机会，打扫我的房间，我特别烦，父母越勤快我越懒……"

"我总是提醒老爸老妈进来要敲门，可是他们经常忘记，这让我很郁闷。"

"我希望保姆阿姨能让我自己收拾屋子。"

"……"

曾经有人在校学生中做过这样一个调查，想了解一下现在的小学生中有多少人自己收拾过屋子，事后调查人员普遍发现，那些没收拾过房间的孩子们并不是没有收拾自己房间的意愿，反而大都抱怨家长不给自己收拾房间的机会。如一个10岁的孩子说他家的房子很大，父母工作忙，平时自己玩过的玩具、看过的图书都是家里的保姆来收拾，自己有的时候也想把房间收拾一下，可刚开始动手，保姆阿姨就会赶紧出面制止。另一个孩子则自豪地表示，她不但能自己收拾自己的房间，不做功课的时候还会帮助姥姥收拾客厅等。她说，自己收拾房间，是对自理能力的一种锻炼，还可以减轻家长的负担，当看到房间经过自己的整理而变得有条不紊的时候，心里别提多高兴了。

正如上面第一个孩子说的那样，父母越勤快，孩子越懒，勤劳的妈妈通常都会培养出一个懒惰的孩子，孩子的懒惰是因为父母的过度勤劳而逐渐造就的。当孩子拥有了一间自己的房间后，做父母的就应该首先尊重孩子对自己"领土"的控制权，从一点一滴的小事做起，培养孩子对自己空间的责任意识，同时也不要随意"侵犯"孩子的地盘儿，"坏"父母们的做法首先便要与孩子明确"自己的房间自己打扫"的原则，并且"坏"父母们还需要切实执行，不可"三天打渔，两天晒网"。就算孩子的房间再乱，"坏"父母们都不会插手，因为当哪一天，孩子发现这房间已经乱得东西都找不到了，或者有小朋友来家里玩，自己觉得很不好意思的时候，他们就会自己主动开始动手打扫了。让孩子在习惯打扫自己的房间的过程中学会承担责任，这才是我们培养的关键所在。

"坏"父母妙招

1. 父母可以刻意将孩子的房间布置得在家中比较"另类"，比如用跳跃性较强的色调，铺上与客厅截然不同的地板等，以此在孩子的意识中强化"这是你的地盘儿，你要对这里负责"的观念。

2. 不管孩子的房间再怎么乱，也不要帮忙整理，要相信孩子，他们具备整理自己房间的能力，如果因为房间过乱而造成了困扰，也有助于让孩子意识到保持房间整洁的必要性。

鼓励家务小能手

　　一些父母总是害怕家务劳动会使孩子分心从而影响学习，其实这是父母们的一个误区。有位老师在给一些孩子补课的时候却发现了这样一个特点：往往头脑灵活、学习能力强的孩子都有帮助家长做一些力所能及的家务劳动的习惯，而一些平时对家务活不闻不问的孩子，学习时的理解能力和逻辑思维能力也都比较差。这说明，让孩子参加家务劳动并不如一些家长所想的"耽误时间"和"影响学习"，相反，对学习还有促进的作用。如今，还有一些年轻的家长自己就不怎么做家务，由于工作繁忙等原因将家务活全部交给小时工或保姆去做，但他们没想到的是，这种做法却使孩子丧失了许多锻炼的机会。其实很多孩子对于家务劳动有着非常高的热情，应该借助这种热情，为孩子创造尽可能多的锻炼机会。

　　现在有些父母，一味地把早期教育片面地理解为只是开发孩子的智力，忽视对孩子行为习惯、劳动观念及个性的培养。有的父母在孩子有兴趣帮助做家务活时，总说"你别多管闲事"，甚至还催促孩子去做作业。对孩子劳动习惯，劳动观念的培养，要通过日常生活的点点滴滴入手，劳动能提高孩子的智力和动手操作能力，劳动也是孩子学习知识、认识社会的重要途径。要让孩子爱上劳动，既不要担心孩子做不好，不要不舍得孩子，更不要事事包办，或者是交给小时工。事实上，"坏"父母们通过自身的实践认识到，2~3岁的孩子就可以让他们做些简单事情：比如，自己洗手、自己吃饭、自己脱衣服等，稍大些的孩子就可以干些力所能及的家务活了。其实，正如"坏"父母们的做法那样，孩子帮助做家务，除了能培养劳动习惯及良好的品德外，也是一种促进孩子增长聪明才智的途径。

鼓励孩子成为家务小能手，首先，便要让孩子心甘情愿地做家务，一定要告诉孩子，劳动能力是很重要的一种生存技能，它同学习成绩一样，在很大程度上决定着一个人将来的工作能力。只有孩子在了解了做家务的重要性后，会更乐于接受家长布置的家务劳动。

其次，巧妙布置家务活也能大大提高孩子的劳动积极性。父母们应该注意布置家务时不要贪多，也不要一开始便对孩子的要求过高，而是贵在日日坚持。比如可以布置孩子每天擦桌子的任务，若孩子忘了，父母可用温和的语气提醒，请记住切勿使用命令式的口吻，那会使孩子觉得自己不被尊重，劳动的快乐感一下子便会减少。

此外，全家一起做家务也是对孩子劳动意识培养良好的方式。孩子是父母们的一面镜子，孩子身上存在哪些问题，往往在父母身上也有所体现。作为孩子的启蒙老师，家长应为孩子树立学习的榜样。父亲、母亲应尽量共同分担家务，通过言传身教让孩子知道，每个人都有为自己的家庭付出劳动的义务。在劳动时，应尽量营造愉快的氛围，让孩子感受家庭的温馨与幸福。父母一定不要当着孩子的面为了家务分配的问题互相指责，那样会使孩子认为大家都不喜欢做家务，能懒则懒。

最后，在鼓励孩子多做家务时也应该留下让孩子自己去探索的空间，不要过于教条。对孩子来说，即使是做家务，父母的说教也并不完全能使他们信服。当你告诉孩子洗碗时要把袖子挽起，要不会弄湿袖子时，他们并不十分在意或认同你的观点。所以每当这时，父母们便不妨让孩子想怎么做就怎么做，等下次再遇到同样的问题时，孩子就会想起你的忠告，并照你的建议去做。通过自身实践得来的知识会记忆得更深刻、更持久。

鼓励孩子做家务，"坏"父母们还能够掌握夸奖和称赞的艺术，比如如果孩子主动完成了当天的劳动任务，"坏"父母们都会及时给予孩子肯定，这种鼓励可以是赞赏、亲吻、礼物……如果有适当的机会，还可以当着别人的面夸奖孩子，比如："我儿子可懂事了，有他做家务，我可就轻松多了。"称赞是最适合孩子的一种鼓励方式。"坏"父母们还要经常告诉孩子，对他们的帮助，家长是多么感激。这种真诚的感谢会令孩子更积极地成为做家务的好帮手，使孩子感受到做家务是光荣的，并从中获得满足感、成就感和幸福感。

鼓励孩子做家务小能手，"坏"父母们还会给予孩子一个宽松的环境，不能为了鼓励孩子热爱劳动，就忽略了孩子自身还是孩子这一特点，在培养过程中也需要注意分寸和尺度。

首先，不要急于让孩子独立完成家务，一定要注意安全。比如当使用煤气炉时，一定要反复告诉孩子使用的要领，树立孩子的安全意识。而且不要让孩子一次就做太多的事情，孩子普遍没有耐心，也没有能力同时把好几件事情都处理得很好。

其次，"坏"父母们在做家务的问题上不会急于让孩子一下子就做到大人的程度。为了培养孩子的劳动能力，"坏"父母要陪着他，将每件事分解成小步骤来教孩子，一面指导、一面监督，若某一件家务孩子觉得太难了，父母可以将这件家务的绝大部分都做好，只剩简单的步骤未完成，这样，孩子既可以简单就把这份家务做完，又有成就感，孩子也将更有信心下次可以做到。

此外，"坏"父母们还会注意不要只是动口命令孩子做家务。要求孩子做家务千万不要随性而为，要将孩子每天需要完成的家务固定下来，"坏"父母们通常不会用"请你帮忙"的态度要求孩子做家务，这样会让孩子感觉自己是被要求来做的家务。孩子分内的事情，还要给予责任的概念，告诉孩子自己的事情自己去完成才是对的，照顾好自己就是帮大人的忙。

另外，"坏"父母们不会把做家务当作是对孩子犯错的惩罚，千万不要把做家务当成惩罚的工具，这样只会让孩子更不喜欢做家务。"坏"父母们知道，不要太过在乎孩子家务做得如何，毕竟孩子的能力有限，需要学习做的家务应该多是与生活习惯相关的，父母要做的就是督导，然后找出孩子值得称赞的地方，应该始终采取奖赏的态度来对待孩子做家务一事。

"坏"父母妙招

1. 培养孩子做家务，一定要从简单到复杂，循序渐进地去要求孩子一件一件地学习。

2. 比如倒垃圾、擦桌子这些简单的家务可以形成一定的模式，要求孩子每天都能够按时去完成，这样也有助于培养孩子的使命感和责任心。

背上行囊，妈妈送你远行

相信许多父母都不舍得孩子远行，像老母鸡护小鸡一样，希望孩子永远能生活在自己的庇护之下。其实，成功的父母不应该如此小心，也完全不需要如此为儿女操心，而是需要懒惰一点儿，只需为子女收拾好远行的行囊，放飞孩子的梦想。

从这个意义上讲，一位有经验的教育专家向家长们提倡一种让孩子"独自旅行的教育方式"，据说，这位专家本来想阻止一个3岁的孩子到外面去，但没法阻止。于是他便想借此机会观察一下孩子掌握了多少自己保护自己的本领，而孩子则自己确认安全之后平安地穿过了马路。从此以后，他便开始认为"独自旅行教育"是可行的。但让家长们完全放手对孩子实施这一的教育方法是很难的。但如果孩子要求"想与小朋友一起去动物园"之类简单的小要求，大人们应该予以仔细的考量，不要一上来就拒绝，而是通过这些简单的机会，逐渐培养孩子独自出行的能力，也建立起父母对孩子独自出行的信心，孩子未必一辈子都能在安然的环境中生活，应当尽量让其接受各种体验，让他们增加适应能力，这才是父母所应尽的责任。

下面是一个孩子渴望独自出游的心声：

我今年都14岁了，可我爸妈就是不让我独自出外旅行，家里的经济状况又不是很差，我只是想去桂林旅游一次，还是跟旅游团的，可父母就是不让我去，怎么说服他们呢？我特别发愁……

现实中，像上述这样的父母是非常多的，咱们先不论多大年龄允许孩子自己出游才是恰当的，这要根据孩子的个体差异而定，但在我国，许多孩子都是上了大学之后才第一次独自远行，下面的例子便能告诉父母们孩子们的想法。

家住河北的卓明今年考上了陕西的一所学院。在石家庄火车站，没有父母的陪同，卓明第一次得到了独自远行的机会，她说："这是我第一次出远门，出河北地界。我一定会顺利到学校、顺利入学的。我觉

83

得，父母总得放手让孩子独立行走，我们的独立性就是从类似独自上学这些事情上培养出来的。"

广西的一位学子，上大学前去得最远的地方是离家40多公里的伯父家。今年，这个孩子考上了远在江苏的一所大学，于是他带着简单的行李独自上路了，他说："头一次出远门，有些害怕，但是没什么，胆子都是练出来的。"

通过上面的例子，家长们不难看出，其实，孩子们远比我们想象得要大胆和懂事，做父母的，不应该一味地想着只有家庭为孩子付出，而是要懂得适当地教育孩子也能为家庭着想，如家庭不富裕的孩子就应该为整个家庭的经济着想，为父母的身体着想，从而早一些独自出门求学或闯荡，未来的路不可知，但是孩子应该具备应对不可知未来的能力。而家长的责任并不仅仅是体现在阻止孩子们独立出行，相反，放手让孩子去经历人生的第一次长途旅行、第一次走出火车站来到一个陌生的地方、第一次自己到学校报到等，更是父母对孩子成长负责任的表现。

在这一点上，英国人给我们做出了良好的榜样。最近，英国儿童专家忠告父母，不但应该尽早地放手让孩子们独自旅行，还应该放手让儿童玩探险游戏，学会接受挑战。英国人一直有热爱探险的传统，在大英帝国不可一世的时候，他们的许多贵族都会在青年时代投身航海这项具有很大风险的事业，这样的民族，自然很希望孩子从小也加入到探险的行列里。目前，许多英国人都建议让儿童在公共游乐场所体验一些"可控制的"冒险活动，他们认为安全风险不应成为阻止儿童尽情游玩的理由。喜欢探险是儿童的天性，对这一天性过多地限制，将不利于孩子人格的独立的成熟，而且，一旦这些场所不能为儿童提供"令人兴奋和有刺激"的娱乐，孩子们的探险天性得不到满足，反而可能会加大他们对其他一些更危险的场所的好奇，从而造成更大的危险。此外，英国儿童研究机构也表示，探险活动可以培养儿童长时间集中注意力的能力，这对儿童的脑部发育和今后的学习能力都大有益处。因为在探险活动中，孩子需要观察周围事物，收集各种信息来帮助自己做出决定，有时还要筹措多种方案进行变通，与伙伴交流合作。此外，适当的探险还对儿童增强身体素质起到很大的作用。不过，对于儿童探险存在的危险，英国人也有清醒的认识。他们会在一些模拟的情境中教孩子们学会怎样分辨真正的危险，如在自然博物馆中，设有专门教育儿童如何探险的区域，他们教给孩子用小锤击打树干，分辨什么样的树干是中空的，不能攀爬，什么样的树干没有问题等。

如今，还有许多经济条件允许的家庭会把孩子送上留学的道路，如果您的孩子自觉能力较强，也具备良好的生活自理能力，让孩子背上行囊，远行到异国他乡，对孩子的成长其实也是利大于弊的。这样有助于培养孩子真正的独立性，并且在开阔了眼界的同时，使孩子能对自己的人生做出更加合理的规划，促使他们更快地具备看准一个目标去不懈奋斗的精神。

孩子长大了，就像一匹没有了缰绳束缚的小马，要到他心中的草原上自由自在地驰骋；孩子长大了，就像一只想要学习飞翔的雏鹰，也许他们飞不了多高，就会跌落下来，但他们是不会放弃的……

正如上面的文字中所描述的那样，孩子长大了，父母就应该尽量收起自身过度的关切，相信自己，更要相信孩子，只需为孩子背上行囊，送他远行。

"坏"父母妙招

1. 父母们不妨多告诉孩子外面的世界很精彩,这样有助于激发孩子"走出去看世界"的想法。

2. 如果家庭条件允许,父母们可以考虑让孩子尝试一下住校、留学等锻炼独立自理能力的生活。

第四章
溺爱多祸害，娇儿难成才

自古娇儿难成材。塑造孩子独立的性格和理性的思维习惯，是父母赠予孩子一生享用不尽的财富。做个不溺爱孩子的父母，才称得上是真正爱孩子的父母。

"适当不满足"的艺术

当今的父母大多数习惯不遗余力地满足孩子们的要求，尽管父母们常常认为自己对孩子要求的满足也对孩子的成长有利，但总的来说，孩子毕竟是孩子，无理的要求还是比理智的要求来得多且快，所以不少父母感到自己成了孩子的"愿望满足器"，可悲的是却没有说"不"的勇气。而更令父母们头疼的是，就算孩子们得到了想要的，他们也还不满足，甚至会欲壑难填，要求也一次比一次更难满足。然而，相信许多父母都看过类似的研究结果，即那些在童年时被娇惯的孩子在长大后往往难以面对生活中的挫折。那些在孩提时代要什么有什么的成年人，在工作和人际交往中大多会出现问题，并且对现实的认知也会出现一定程度的扭曲。今天的孩子们要得很多，而父母们也大多是苦过来的，对孩子们很难不满足，殊不知，"适当不满足"孩子的要求，才是艺术的教子之道。

所以，"坏"父母们意识到，也许应该教给孩子们一些更重要的事情，例如，对待工作要勤奋的观念，延迟满足的能力，坚韧面对挫折的态度，诚实为本，以及丰沛的同情心。在一个竞争越来越激烈的时代里，本来应该让孩子们多承受一些挫折才能在激流中立得更稳，而父母们却往往把纵容和爱混淆了起来。"坏"父母们始终认为，那些过于娇惯孩子的父母会使孩子在成年后更容易陷入焦虑和忧郁之中。

而今，幸好有些清醒的父母们开始认识到"最大限度地满足孩子"只能带来更多害处，他们正在努力学习着对孩子说"不"。因为一个没有尝过被拒绝的滋味的孩子，绝对是难以有较强的抗挫折能力的。对孩子说"不",不给孩子讨价还价的机会,这不仅可以提升你在孩子心目中的威信,也是教孩子如何做人做事的最好方法。

下面是一位父亲对于适当不满足孩子要求的经验之谈:

最近我的女儿珊珊有些让我大伤脑筋,她总是提出这样那样的要求。一般对于她的合理要求,我和妻子都会尽量满足。但是珊珊已经有好几个玩具娃娃了,前几天却还提出要求想要个新的芭比娃娃。"不行,你已经有好几个了,上次张阿姨不是还刚刚送了你一个吗?""那个不好看,我不喜欢,我想要新出的那款。"看着自己的方法不灵,珊珊哭了起来,声音越来越大,妻子实在没办法了,就过去哄她说:"你去和你爸爸说,你爸爸如果同意给你买,那就买。"妻子冲我使了个眼色。在这种时候,我知道应该跟妻子配合,教育孩子,最忌讳的就是父母口径不一。我对珊珊说:"珊珊,爸爸不能答应你的要求。"话音未落,珊珊咧开嘴又要哭,但是我还是没有妥协,继续说:"如果你提的是合理的要求,我和你妈妈都不会拒绝的,你看爸爸妈妈什么时候拒绝过你的合理要求?可你的这个要求根本就不合理,你不是有那么多芭比娃娃了吗?"看着珊珊气嘟嘟地回了自己房间,我转头对妻子说:"拒绝孩子的时候就应该认真一点,对她的不合理要求,要让她知道,我们是彻底拒绝她了。"那次之后,只要我拒绝珊珊,她就会知道,对于她的要求,我是认真考虑过的,只要是拒绝了的要求,就说明她的要求不合理,就没有商量的余地。

孩子的欲望很强烈,所以如果要满足孩子无休止的欲望,即使再富有的家庭,再心软的父母也不可能永远有能力有求必应,所以"坏"父母们首先要学会拒绝孩子的不合理需求,坚持自己的态度,给孩子讲清不满足他们的要求的原因。更重要的是,"坏"父母们还应该让孩子知道,这个世界不是他想要什么就一定能得到的。

在现实生活中,"坏"父母们拒绝孩子,不仅仅是要拒绝孩子的那些不合理要求,还要学会拒绝孩子向你"求援",这样有助于让孩子摆脱对你的依赖,让他们自己学着去克服困难。这也是"适当不满足"的艺术之一。

比如像发生如下状况时,我们就应该向下面的这位父亲学习:

"爸爸,扶扶我……"当我的儿子玩滑板站不稳而向我求助时,我一般都是在远处观望,微笑着鼓励他自己滑。最初儿子学滑板的时候,我每次都会跟在他身后,他一不稳,我就赶紧上前去扶,这使得儿子变得一滑滑板就很依赖我,学得也比别的小朋友慢。后来,等到儿子可以慢慢自己滑了,我就一狠心,不再帮助他。我告诉别人也不要过去帮他,无论他怎么叫我们,我们就是不上前帮助他。有时候别人还开玩笑地对我说:"还没见过这么狠心的爸爸呢!"但是自那以后,儿子反而学得很快。

对于如何掌握这种"不满足的艺术","坏"父母们有很多"坏招"。首先便是当孩子哭闹时,坚决不满足他的要求,而当他们不哭闹时,再满足要求。具体来说,当孩子哭闹时,坚决不满足要求,甚至不予理睬,当孩子执意继续哭闹时,除不满足要求外,还要给予一定惩罚,比如当天不买冰激凌给他;当孩子不哭闹时,要给予很大关注,但这种关注最好是从心理上给予孩子宽慰和开导。举例来说,父母们可以通过眼神、语气、抚摸、拥抱等来传递对孩子的重视,这样做时,家长的真诚,孩子都是可以感受到的,如果孩子在经历了被拒绝后都表现良好,父母们一定要特别关注并给予大力表扬,甚至还可以当着孩子的面在别人面前对孩子进行赞美。

此外,首先,在"适当不满足"孩子的要求时,"坏"父母们也应该注意要有信心和耐心。因为孩子已形成了习惯,即使是成年人,养成的习惯也不是一朝一夕就可以改掉的，家长千万要注意，不能试了一两次就自己先放弃了，要对孩子的成长和进步有信心，同时要有足够的耐心帮助孩子改掉坏毛病。其次，在教育孩子的过程中，"坏"父母们还认为千万不能情绪化。切忌以自己的情绪、喜怒影响对孩子的教育，并且要心中有杆秤，时刻把握住教育的原则，不符合原则的，就一定不能睁一只眼闭一只眼。另外一定要保证父母双方的教育方式是一致的，不能是某种行为在爸爸面前不行，在妈妈面前允许，或者是爸爸的"朝令"，妈妈给"夕改"了。此外，"坏"父母们还要掌握好在适当的范围内给孩子选择的余地，比如给孩子两个玩具让孩子挑选一个，允许孩子有自主决定的机会，适当不满足，并不意味着全部不满足。最后，就像老师在与学生的接触过程中也会"教学相长"一样，为人父母，其实也要跟孩子同步成长。《易经》讲"蒙以养正"，教育孩子要注意一开始就给孩子正确的教育，多学习学习"坏"父母们的教子之道。为此，家长有必要学习系统的科学教育知识，以便及早应用，避免当孩子出现问题了，才想办法纠正的亡羊补牢式教育。

"坏"父母妙招

1. 奖惩要掌握好时机，"坏"父母的"坏"就是在于孩子以不正常的方式来提出要求或提出不合理的要求时，父母坚决拒绝；而在孩子的要求合理时，父母会给予满足。

2. 在满足、不满足孩子的某个要求上，父母们一定要保持统一的口径，不然聪明的小孩子是很会钻空子的。

让孩子懂得吃苦的珍贵

目前许多生活在城市中的中小学生吃不了苦,甚至害怕吃苦。吃苦耐劳曾经是我们中华民族最根本的一个传统美德。现在,中国不少的父母把孩子看做是含苞待放的花朵、未来的希望,所以在孩子的成长过程中,宁肯自己吃苦受累,也不能让孩子吃一丁点儿苦,于是,很多孩子从小便养成"衣来伸手、饭来张口"的"小皇帝"习惯,极端缺乏自立能力和吃苦精神。

很多父母的共同想法通常是,为了让孩子将来生活得好,能够出人头地,就要给孩子提供最舒适的成长环境,让孩子一门心思地学习知识和文化,不能吃一点儿苦、受一点儿累。父母们的愿望是好的,但是做法却反而会适得其反。这种做法生生地剥夺了孩子们实际锻炼的机会,殊不知,没有锻炼,孩子就永远也不能长大,也就不能成熟,何谈出人头地呢?如果父母不在了怎么办?孩子缺乏实际的锻炼,就等于将来缺乏生存本领,表面上看是爱护孩子,实则却是百分百地害了孩子。

面对这种现状,父母们首先需要的就是转变观念,要懂得无论是谁,都必须吃苦,特别是精神上的,而且一定要让孩子明白吃苦的珍贵。其实让我们看看现在的生活,物质生活水平大大提高了,生活上的苦,小孩子基本已经无法体会了,甚至不少当下80后的年轻爸爸妈妈们也没有吃过物质生活上的苦,但是精神上的"苦"还是很有必要体会的。现在很多刚毕业的大学生适应不了工作,很大程度上就是因为吃苦精神不够,缺乏耐力和毅力,所以,吃苦耐劳的品质要从小培养。每个人的人生道路都不会一帆风顺的,难免遇到一些困难和挫折,而这些困难和挫折往往会成为人生的转折点，如果孩子从小便培养出了吃苦耐劳的精神，就能克服这些困难，那他的人生便会不断有新的机会。正像大文豪屠格涅夫说过的那样："你想成为幸福的人吗？那么首先要学会吃苦。能吃苦的人，一切的不幸都可以忍受，天下没有跳不出的困境。"父母们如果舍得让孩子吃点儿苦，孩子们反而会更懂得珍惜生活、品味幸福。为了让孩子以后能够幸福，父母首先要做到的便是不能心疼孩子，要让他们吃一些苦。

其实，教孩子学会吃苦，这是个老生常谈的话题。对此，不少"坏"父母却能为普通父母们做出榜样，请看下面这个例子：

南方某身价亿万的民企老总，为了让自己的儿子学会吃苦耐劳的精神，今后能够担当起家族的事业，并且懂得"创业难，守业更难"的哲理，竟然刻意切断了孩子和家庭的所有联系，让孩子独自一人外出打工谋生，任其去独闯一番天地，经受挫折的磨炼，在生活的砥砺中成长。果然，度过了5年的外出打工生涯，儿子回家时已成长为了结实的男子汉，一举一动都透着沉稳和老练，并且非常不怕吃苦，事事都抢在别人前面去干，当这位老总想要逐步将事业交给儿子的时候，儿子自豪地对父亲说："您只要给我一个在您公司中最基层的工作就可以了，我会让您看到，是金子总会发光的。"

而一位父亲在孩子经历了一次军训后，也明白了培养吃苦耐劳的精神对孩子的身心成长颇为有利的道理。

上小学二年级的儿子放暑假，自己从电视上看到了有关部门要举办少儿军事夏令营的消息，从小就向往当解放军的儿子坚持要求参加。我虽有些不舍得，但还是一咬牙，尊重了他的选择。当时我总想，儿子今年还不到8岁，天气又那么炎热，紧张的训练生活他能受得了吗？这得吃多少苦啊？幸好县电视台对这次夏令营做了跟踪报道，当我在电视上看到孩子们听到起床哨，迅速叠被、刷牙、洗脸，然后跑步到训练场练习擒拿格斗时，那整齐划一的队列、训练有素的军容、生活中相互照顾的画面着实令我感到又惊又喜，孩子们完全没有了往日的懒散和娇气，一张张被晒黑的小脸上透着英气和自信。当时我就觉得，我的儿子长大了，通过这样一次吃苦的磨炼，他一定会变得更优秀。

俗话说："花盆难养万年松。"人在幼年时期多吃一些苦，能够及早地认识社会，感悟生活，并且懂得幸福生活的来之不易。让孩子吃些苦、受些累，能坚定他们奋发图强的信心。同时，现实也告诉我们，一个人吃苦在前，才能健康成长，才能经受人生的大风大浪，才能不辜负父母的期望，人生才能有所作为。正如雪莱所说："假如你过分地珍爱自己的羽毛，不使它受一点损伤，那么你将失去两只翅膀，永远不能凌空飞翔。"为此，教孩子学会吃苦耐劳，是人生重要且必要的一课。在日本，一些家庭利用"挫折教育"手段，从小就培养孩子的吃苦能力。瑞士，虽然是世界上最富裕的国家之一，但瑞士的父母们绝对不让自己的孩子养尊处优，孩子到了十五六岁就要自己挣零用钱，出外打工。

那么，"坏"父母如何做才能使吃苦教育达到最好的效果呢？

首先，"坏"父母们会破除"我年轻的时候已经吃过苦了，为什么还要让我的下一代再吃苦呢"这种心态，要知道，父母是父母，孩子是孩子，虽然时代都不同了，但人在成长过程中应该受到的吃苦教育却是应该相同的，吃苦和吃苦教育是对孩子毅力和生活能力的一种磨炼，也是孩子认识生活和理解生活的一个最佳途径。其次，"坏"父母还需要克服对孩子过度"疼爱"和"不忍心"的心理。聪明的父母，要从孩子的人生发展考量，该"狠心"的时候就"狠心"，放手让孩子去经受磨炼。再次，"坏"父母们会努力为孩子制造一个有"困难"，勤吃苦的环境。比如父母们可以带孩子一起去远足或进行步行拉练，或者参加军训夏令营等，在家里，也可以考虑让孩子洗洗衣服、打扫卫生，干些力所能及的家务，这都能对孩子的成长有很好的帮助。最后，则需要"坏"父母们有坚定的意念，实际上对孩子进行吃苦教育，也是对家长是否能正确地引导孩子的一个考验。只有"坏"父母们能够坚持"狠心"的原则，孩子才能在吃苦教育中有所收获。

许多事实说明，在对孩子的教育上，金钱上的投资与能否成功、成才是没有必然联系的；相反，有时让孩子学会吃苦，进行必要的苦难教育，却能有金钱买不来的收获。为了孩子的健康成长和全面发展，父母们应该多多鼓励孩子，指导孩子，树立不怕吃苦、敢于吃苦的信念，在生活中磨炼自己，最终成长为社会的有用之才。

"坏"父母妙招

1. 多带孩子去一些贫困地区看一看，或是给孩子看一些表现艰苦劳动精神的影片和图书等，有助于让孩子懂得艰苦耐劳的可贵。

2. 在孩子吃苦的问题上"坏"父母不会让自己去扮演同情者和保护者的角色，而是身体力行给孩子做出吃苦的榜样。

告诉孩子，吃亏是福

古人云："若争小可，便失大道。"吃一些眼前亏，能使人经受历练，暂时吃亏不是目的，而是要吃一堑，长一智，从而达到更高的目标，实现更高的境界。中国有句老话："吃亏是福。"为什么是福呢？因为它是取得大胜而必须付出的成本。

然而，谦让、忍耐、宽容、助人为乐，这些我国优良的传统教育理念，却在如今被许多父母们忽略了，人人皆知，时下是一个竞争激烈的社会，所以很多父母们都认为，现在的孩子对外不仅不用谦让，关键是不能吃亏，所有会令自身利益受损的事都不能做。现在，很多年轻的爸爸妈妈教育小孩子，都步入了一个误区，他们认为吃亏的孩子就是"傻孩子"，孩子只有小时候就懂得不吃亏，长大以后才能不被人欺负，还处处占便宜。可是，这样的孩子长大以后，是否真的就能不吃亏了吗？

目前，在大多数父母们所认为的"吃亏"，其实可以大致被总结为以下两点：一是被别的小朋友欺负了却不还手。不少幼儿园老师都说，父母来幼儿园接孩子回家时，问得最频繁的一句话是："今天有没有给人欺负你啊？"几乎所有的父母都担心孩子受到别的小朋友欺负，却不懂得该如何正确地让孩子去面对。二是小便宜没占尽、表现机会少也都是父母们认为孩子吃亏了的表现。还有一些父母认为为集体做事很耽误学习，比如画板报、做值日这些工作都不希望自己的孩子多参与。而与小朋友们分享玩具、食物等孩子们喜爱的东西，如果只是"有去无回"，那也是家长们眼中孩子"吃亏"的表现。

专家们经过分析后认为，时下的父母们之所以那么怕孩子吃亏，主要原因之一便是怕孩子长大之后利益也会受损，因为许多年轻的父母从小受到的也是"谦让"、"不怕吃亏"的教育，却有可能在当今社会里被人欺负，自身利益受到侵害，所以他们不希望自己的孩子重蹈覆辙，便以为"老实"其实是"无用"的代名词。再者，他们也的确是担心自己的孩子受伤害，特别是就怕孩子的身体受到伤害，所以总怕孩子被别的小朋友欺负。最后，那些处处想占小便宜的人可能养成了只要是免费的东西不管自己是否需要，总是要往家里拿的习惯。

宽容、谦让、不怕吃亏，其实也并不一定会侵害到自己的利益，与人分享自己所钟爱的事物并不会损害事物本身，反而会令它更有存在的价值。"坏"父母们一直懂得，让孩子学会"不吃亏"，看似是在教孩子不吃亏，却让孩子吃了大亏。而教育孩子与人为善、助人为乐，孩子虽然可能吃一点眼前的小亏，但从长远看，却对今后的成长和成才有着大利。所以，"坏"父母们认为，做父母的，不要太勤快，事事都帮孩子挡着、拦着，不如做个"坏"父母，不为孩子出头，才是在教孩子最宝贵的做人道理。

那么，父母们应该教孩子如何看待吃亏的问题呢？

首先，便是让孩子树立"吃小亏"是有价值的道理。我们以孩子被别的小朋友打了为例，有的妈妈认为没什么大不了，有些妈妈则会大发雷霆，找上门去兴师问罪。其实，只要不危及孩子的人身安全，或者不会伤及孩子的自尊心，也不会给孩子造成成长中的阴影，这些亏都可以称为"小亏"。没必要"以牙还牙，以眼还眼"。父母们教孩子懂得吃点"小亏"，有助于培养孩子健康的心理、形成良好的品格，以及面对挫折的适应能力和学习与人交往的技巧，有利于促进孩子社会化的进程。其次，父母们也要告诉孩子"吃亏"是有底线的，凡事应实事求是，具体问题具体分析，如果涉及孩子的人格尊严和人身安全，妈妈就应该告诉孩子应该怎样正确地去表达自己的不满。下面的这个例子可以给父母们一个标准，究竟怎样的"亏"，即使是"狠心"的父母，也不应该让孩子吃：

贝贝和强强闹了矛盾，一天贝贝和妈妈在小区里玩，正好碰到了强强和家人。强强的妈妈、姥姥、姥爷一看见贝贝，便全都围住贝贝训斥，可怜的贝贝吓得哇哇大哭。贝贝妈一看这个情形，虽然平日里她始终教育贝贝要不怕吃亏，但还是生气了，因为她认为对方的做法已经对女儿造成了伤害，于是就严肃地对对方说："小朋友之间的矛盾应该由她们自己解决，你们没有理由，也没有资格训斥我的女儿！"然后一把把女儿搂在了怀里，赶紧安慰道："别怕，有妈妈在！他们训斥你是不讲理的。妈妈相信你，即使有错误也会改正的！"

上面的例子告诉我们，"坏"父母其实并不是不爱孩子，而是应该知道什么情况下该表现出对孩子的保护，不让孩子吃亏。那么，在孩子"吃亏"后，作为父母，正确做法又应该是什么呢？首先，"坏"父母们懂得一定要站在孩子的角度看问题，有些或许在父母们眼中重大的问题，在孩子的交往中只是习以为常的小打小闹罢了，而反之亦然；其次，当你认为孩子受委屈了，请先耐心地多向孩子几个为什么和怎么办。有时候孩子有自己解决问题的办法，当孩子表现出茫然时，父母则可以引导孩子想方法去解决，并与孩子简单分析可讨论出的几种办法的利弊，慢慢地，孩子也就学会了面对类似问题时应该有的正确思路和方法，即所谓授人以鱼，不如授之以渔。此外，"坏"父母还心知肚明，虽然可以"狠"下心来，放任孩子去吃一些小亏，长一些大智，却一定要坚持以身作则，这才是教育好孩子的根本，如果父母在平日里就不怕吃亏，明白"退一步，海阔天空"的哲理，那么久而久之，孩子便会为人也同样豁达。

"坏"父母妙招

言传身教最管用，"坏"父母会在自己"吃亏"的时候借机教育孩子，让孩子切身体会到父母的生存哲学。

跌倒了不许哭，自己爬起来再走

现代社会，大多数孩子都是在蜜罐里长大的，平时一帆风顺惯了，常常不知该如何对待挫折，还有的孩子一碰到问题，就求助于父母和老师。甚至因为不能正确地看待挫折，还酿成了无法挽回的悲剧，如下面的例子，让人看了之后不禁为孩子的抗挫折能力差而万分担忧：

小美是一名初中生，平时学习成绩一直不太好，总觉得自己比别的同学差，低人一等。虽然她很努力、很用功，但可能因为基础太差，学习成绩一直没有得到提高，再加上同学们都不怎么喜欢和她一起玩，久而久之，她就开始自暴自弃。终于，有一天晚上，她把家里的半瓶安眠药全部吞下，幸亏被家人及时发现，经抢救才算保住了年轻的生命，但此后她又难以面对现实，终于向学校提出了退学……

一个12岁的男生，因为触犯了纪律而被学校开除，回到家中后，男孩即自杀身亡了。只留下悲痛欲绝的父母和完全没有预见到如此严重后果的学校……

为什么青少年在面对挫折的时候不能用正确的方式去对待呢？孩子们年龄小，容易走极端，这是自身的性格不成熟的表现，可是父母平时的教育也应对孩子们这种无法面对挫折的行为负有责任，假如父母能够及早地教孩子怎样去正确积极地面对困难和解决困难，教孩子如何在挫折面前调整心态，迎接挑战，类似的悲剧也就不会发生了。

那么，应该怎样教孩子学会面对挫折呢？现在很多"坏"父母们都接受了"挫折教育"的理念，即在科学的指导下，为孩子设置一些有利于孩子身心发展和成长的困难，启发和促进孩子动手动脑来解决问题，使他们养成乐于尝试，勇于克服困难，敢于经受挫折的习惯，从而引导孩子逐步摆脱依赖，培养其适应的环境能力和对挫折的承受能力。

"坏"父母们都应该能够"狠"下心来，对孩子的挫折教育也才能够成功。首先，"坏"父母们要做到引导孩子正确地认识挫折。要对孩子实行挫折教育，首先要让孩子摆脱掉依赖性。作为父母，应该给孩子面对现实的机会，酸甜苦辣都应该让孩子体会到，无论是快乐、失望，还是痛苦，都要让孩子自己去经历，这样才能使孩子有足够的能力去面对未来各种各样的风雨和挑战。孩子毕竟是孩子，他们会犯错，会茫然，但不要紧，父母需要做的是告诉他们，在遇到困难和失败的时候要自己想办法解决。只有让孩子在克服困难的过程中体验挫折、认识挫折，才能培养他们不怕挫折的能力和心态。

其次，父母要着重培养孩子在面对挫折时的心理承受力，让孩子不会轻易就被挫折击垮。一般人在遇到困难和失败时，往往会产生消极的情绪，出现逃避和退缩等行为，孩子更甚，因此，作为家长就应该在平时有意识地给孩子设置一些有一定难度、但又难度不高的任务，让孩子去做。在孩子遇到困难退却、逃避的时候也可以表现出不满和进行批评，从而提高孩子的心理承受能力，当然，在孩子遭受挫折的时候，家长还是需要给孩子适当的鼓励，激发他们面对挫折的勇气。

最后要明白，自信心是孩子面对挫折时必不可少的品质，作为父母，应该在平日里加强对孩子自信的培养。自信心是一种强大的内部动力，能激励人开启智慧，坚持不懈地追求目标。所以，父母在给孩子挫折的同时，还特别要注意增强孩子抵抗挫折的自信心，要用鼓励的语言伴随孩子面对挫折，让他们相信自己能做好。

下面的例子告诉我们，怎样教育孩子面对挫折才是积极而有效的：

在面对孩子偶尔犯的小错误时，小李的爸爸总是以开玩笑的方式来化解。在小李上小学的时候，爸爸从不给小李设置什么障碍，即使是为了培养孩子面对困难时的承受力，他也没有故意给孩子制造过任何挫折。然而，进入初中后的第一次考试，成绩一向很好的小李却排在了班里第20名。一进家门，垂头丧气的小李就忍不住哭了。爸爸看到儿子哭得很伤心，就拍着他的肩膀说："哭能解决问题吗？你是不是觉得你一哭，下次就能考好了？"随后，爸爸告诉小李要认真地分析这次自己没考好的真正原因，教会儿子不能轻敌，并且要不怕失败。果然，两个月后的又一次小考试，小李的成绩有了大幅度的提高。小李很高兴，当他把这个好消息告诉爸爸时，爸爸说："再教你一招儿：记住了，以后遇到了什么困难，就把它当做是对你的一种考验，一定要想想，怎么才能够解决它！"接着，爸爸又给小李讲了很多成功者在挫折中成长的故事。后来，每当小李遇到困难时，他都会想起爸爸的话，再也不像以前那样动不动就灰心，而会给自己分析，为什么会遇到这种困难，自己怎么办才可能解决……慢慢地，随着成长，小李也能够从容地面对挫折了。

所以，从上面的例子我们知道，即使是"坏"父母，也不能代替孩子去承受挫折，而是要引导孩子去分析引起挫折的原因，并且尝试着去从根本上改变。

此外，父母如果可以从小给孩子设置一定的挫折，对孩子培养面对挫折的能力也是有很大作用的，相信这一点许多父母都已经尝试着在做，而在设置这些困难的过程中，建议父母们注意几个问题：首先，对困难的设置必须注意适度和适量。为孩子设置的情境必须有一定的难度，要既能引起孩子的挫折感，但又不能太难，应该是那种孩子通过努力可以克服，或是蹦一蹦就可以够得到的。同时，让孩子一次面临的难

101

题也不能太多，以免让孩子产生消极心态，过度的挫折会损伤孩子的自信心和积极性，使孩子产生过于严重的挫折感，导致丧失兴趣和信心。其次，在孩子遇到困难而退缩时父母一定要学会恰当地鼓励孩子，让他认识到人的一生会遇到很多挫折，关键在于我们如何正确地认识和对待这些挫折，只有鼓起勇气努力向前，才能最终克服困难，战胜挫折。另外，在孩子做出很大努力取得一定成绩时，要及时肯定，让孩子看到自己的能力，从而更有信心地去面对新的困难。还有，父母在为孩子设置挫折的情境时，如果孩子在克服困难时尝试了许多次，还是不能自己解决困难，那么父母就应及时给予孩子具体的帮助，千万不要让孩子尝试彻底的挫败感，那样反而会起到相反的作用，让孩子面对挫折时从此一蹶不振。最后，要为孩子多多建立与伙伴交流的机会，这样可以使他们发现与自己不同的观点的存在，从而使他们更好地认识他人和自己，克服以自我为中心的坏毛病。当孩子在不断的磨炼中学会如何与他人友好相处和合作，一方面能更好地保持自己在伙伴中的地位；另一方面，同伴之间的相互交流和指导，也能够帮助孩子更好地克服困难、解决问题。

"坏"父母妙招

1. "坏"父母会在孩子遇到了挫折后，依然用笑容去面对孩子。切忌跟孩子一起愁眉苦脸。

2. 在孩子遇到挫折时，父母可以给孩子讲一些自己曾经挫折的经历，尽量教给孩子面对挫折时的思考方式，这才是最有用的。

教孩子学会选择与放弃

"鱼与熊掌不可兼得。"就好像人不可能同时踏入两条河流，不可能同时行走在两条大道上，选择、取舍，是人在成长过程中的必修课，是孩子需要培养的基本能力之一。

孩子学会了取舍，在人生的诸多关口上才能具备冷静分析、理智选择的头脑，才不会出现患得患失的情况，才不会错过生命中的机会。当然，要让孩子理解和掌握取舍的原则和方法，父母们的示范作用是非常重要的，在生活中如果爸爸妈妈们自身对事物不能做出正确的取舍，就可能将这种犹豫不决的态度潜移默化地传达给孩子，对他们产生消极的影响。

因此，"坏"父母们非常注重教孩子学会选择和放弃，"坏"父母们会在家庭教育中多给孩子选择的机会，在日常生活中培养孩子选择、判断和取舍的能力。在日常生活中，"坏"父母们可以多提供给孩子选择的机会，如今日穿哪件衣服，在条件允许的情况下由他们自己安排自己的活动等。在没有原则性冲突的情况下，可以尽量让孩子来处理自己的生活。

古人云："两利相权取其重，两弊相权取其轻。"这是一条很容易理解的通用标准，也是父母们在教孩子选择和放弃时同样应该遵循的道理。

有一次，乐乐的学校开运动会，跳远和接力赛的时间刚好被安排在一起了，而这两项却都是乐乐的强项，他必须做出选择，即选择参加其中一项，放弃另一项。按照学校运动会的规定，跳远只计个人名次，接力赛是以班级为单位来算成绩。乐乐一向视跳远为自己的强项，有把握进入年级前两名，可是如果他不参加接力赛，班上的这一个项目就会失去竞争力，虽然接力赛班级不一定会拿到比乐乐跳远更好的成绩，但却也是同学和老师们都非常关心的项目。为此，乐乐着实是举棋不定，便回到家同妈妈商量。妈妈听了以后，用建议的语气轻松地说："如果你在意个人的表现，就选择跳远；如果你关心班级的排名，你就参加接力赛。"乐乐的小眼珠转了转，解释说："如果我的跳远成绩进入了年级前三名，也是会增加班级的得分的。"妈妈接着问："那两项比较，哪一项给班级增加的分值更多？"乐乐不假思索地回答："那当然是接力赛了，接力赛是大项，第一名有12分，跳远第一名只有5分。"于是妈妈说："那不是很好选择吗？"可是乐乐依然很犹豫："跳远会有自己的奖状，奖金也是给个人的。"妈妈这时语重心长地劝导乐乐说："你觉得你个人可能有的利益和班级的荣誉比较起来，哪一样在你心中分量更重呢？"乐乐想了想，说："当然是班级了，班级获胜，我也光彩呀，我还是班干部呢，可是我也舍不得放弃跳远，为了能跳出好成绩，我训练了好多次呢！"妈妈借机教育乐乐道："孩子，当你的手掌无法同时握住两件东西的时候，你必须学会放弃其中的一件，否则你就可能同时失去两件，或者即使保有了一件，心里也老会觉得遗憾，不再快乐。有时候，放弃也是为了更好地获得，人的一生，会遇到好多的两难选择，你要把这种取舍看成是很平常的事，也是对你成长的一种锻炼，你就不难做出决定了。"乐乐是个聪明的孩子，他明白了妈妈的意思，于是痛快地选择了参加接力赛，而且，也不再为自己失去这次跳远的名次的机会而遗憾了。

　　人生旅途中，谁都会面对两难的选择。选择就意味着你需要放弃其中一样，可并不是所有的选择都那么容易取舍，它有可能是两朵美丽的花，两棵繁茂的树，让你两样都难以抛下。作为大人，我们都难以做出选择，何况是我们的孩子呢？然而，取舍是一种态度，简单是一种心境。人生之旅，不可能事事顺心，也不可能没有选择，只有学会舍弃，保持平和的心境，才能生活得踏实和满足。"取"是一种本事，"舍"也是一门哲学。"取"、"舍"虽是反义，却也是一个事物的两个方面。"坏"父母们认为，虽然这条哲理听上去很高深，却应该从孩子很小的时候就把这一观念灌输给孩子，面对孩子的人生，父母不但不应该事事都为孩子做出选择，还应该早早便告诉孩子，今天的舍弃，是为了明天的得到，以及"塞翁失马，焉知非福"的道理。舍弃是为更好地拥有，张弛有度才是最好的生活态度。

在此，我们也不得不提及一下放弃的智慧。放弃意味着什么呢？"坏"父母们通常会这样告诉孩子：放弃便意味着重新选择。太多的家长不能够教会孩子放弃，在他们的字典里，放弃就是自己的孩子缺少毅力，其实这是家长自己给自己上的紧箍咒，如果孩子能够从容地放弃一些他认为不适合自己的东西，那才是成大事之人应有的胆识和魄力。人生谁不是处在选择的十字路口呢？在选择的过程中，我们学会了放弃，有得必有失，有舍才有得，明白了选择和放弃同样也是教育的一部分，就会指引我们的孩子走向更美好的明天。

"坏"父母妙招

1. 在生活中"坏"父母们需要多给孩子一些选择取舍的机会，比如同样好的两件衣服，只能允许孩子选一件，或是外出旅行和压岁钱，只能选择一样等等。

2. 冷静也是很重要的，所以，父母在平日里要尽量克制住自己的焦躁情绪，比如不要抱怨和犹豫不决，也要注意，不能武断地面对问题。

教孩子学会有选择地交友

社交能力是生活中不可缺少的基本能力，而且随着社会发展的需要，培养良好的社交能力，不仅有助于促进孩子的智力发展，更是他们日后生存所必备的技能。许多家长以为孩子年龄小，并不懂得什么是朋友，但研究却发现，其实孩子是很害怕孤独的，他们有时比成人更需要一个与同龄人交往的环境，被更多的理解和快乐包围。所以，如果孩子从童年时代起就有着良好的人际关系，和小朋友、老师相处融洽，他就会越早地具备被他人接受和喜欢的能力，从而使他自己的童年充满欢乐，还会使他在成年后也同样快乐、开朗和自信。

那么，"坏"父母们都应该怎样帮助孩子学会交朋友，以及为自己有选择地交朋友呢？首先，给孩子创造一个民主、平等的家庭环境，"坏"父母们自己先要尽可能地做孩子的朋友，培养孩子爱说话、敢说话的性格，这样有利于树立孩子的自信心，使他们大胆地与人交往，品尝与人和谐交往的种种乐趣。其次，"坏"父母还会有意识地教孩子具体的社交方法，尤其是让孩子学会以他人能接受的方法与他人沟通，以达到自己想与他人交朋友的目的。比如，当孩子想要参加其他人的游戏时，可以教导孩子友好地向别人发问："我想和你们一起玩，可不可以？"另外，一定要教会孩子应有的礼貌，要让孩子在与别人交往时不忘礼貌用语，如"谢谢"、"不客气"、"对不起"、"可以吗"等语言，使孩子在与人交往中可以因为这些热情主动的用语，交到好朋友。再次，孩子的社交能力是在一定的情境中才能获得提升的，正所谓实践出真知，"坏"父母会尽可能地为孩子创造多种社交机会和条件。比如，父母们可以带着孩子多做客，或经常邀请一些小朋友到家里来玩。如果家里来了客人，聪明的父母也是要让孩子参与接待，让孩子在具体的生活环境中学会与他人正确地相处。最后，"坏"父母们还能做到对孩子正确、积极的人际交往行为进行及时的赞美，从而巩固孩子的社交能力。这样会让孩子明白什么行为是对的，并不断重复这样的行为。

但是孩子毕竟是孩子，"坏"父母们认为家长应该在孩子交友时适当予以指导，有这样几点建议，请家长们注意：首先，父母有责任在孩子交友时帮助孩子明辨是非。因为年龄小，孩子的辨别能力毕竟还不够成熟，他们可能会不管好的坏的，都"照单全收"，所以，"坏"父母们有责任告诉孩子哪些行为才是好的，哪些行为是不好的，如果孩子有了辨别是非的能力，他就会主动远离那些行为习惯不好的人，主动与一些好孩子交朋友。其次，父母还有义务引导孩子辩证地评价朋友。"坏"父母们提醒家长们切忌妄自评价孩子的朋友，更不能因为某个小朋友只是学习不好等原因就不允许孩子与之交往，要鼓励孩子在不同场合，与不同类型的朋友多接触，从不同的朋友那儿获得不同的经验。此外，"坏"父母们还会主动教给孩子一些切实的交友技巧，比如在家里与孩子一起练习如何和小朋友说话；当孩子抱怨别的小朋友时，不加入"抱怨"的行列，只认真做个听众，事后引导孩子从自己身上找出问题的原因等。最后，对孩子而言，父母为他们树立什么样的榜样也是相当重要的，如果做父母的从不舍得为朋友付出，孩子也不会是一个受到小朋友们真诚欢迎的对象。方便的时候，还可以带孩子参加父母们和朋友的聚会，让孩子亲眼看到你们是如何交往的。

现实生活中，许多父母都面临一个难题，那就是如何和孩子讨论交友的问题，因为不当的干涉反而会引起孩子的叛逆情绪，不但达不到预期的效果，也许还会适得其反，想必大多数父母都在孩子交友的问题上遇到过下面的困扰：

我发现女儿这学期和她们班上一个最不受欢迎的女孩子很要好，老师和同学都告诉女儿，尽量少和这个同学在一起，但女儿听不进他们的话，作为家长，我该怎么办才好呢？

在上述的这种情况下，通常断绝交往是大多数父母的选择，但这种做法却太过决绝，不易被自己的孩子所接受，所以，如果出现了上述的情况，专家建议父母应该好好找孩子谈谈，而不要只是简单粗暴地命令孩子和小伙伴断绝来往。在谈的时候，开始时可以不提及小伙伴的事儿，而从其他的事情切入。如果孩子对这样的开场白逐步接受，你就可以把话题转到他的小伙伴身上了。要开诚布公地告诉孩子，你发现自从他交了新小伙伴后开始变了，出现了哪些哪些不好的习性，面对这种情况时，青少年们通常会觉得父母是小题大作，一般根本听不进去。但是，也请相信他们自己的判断力，如果你给他们足够的时间，让他们冷静下来，并把你的意思充分表达清楚，他们最终是会做出正确的选择的。父母们需要明白的是，孩子们交朋友，其实也正是因为他们需要被接纳与关怀，一旦孩子从父母那里得到他们需要的安慰，他们会认为父母是天下最可靠的人，也就不会到别处去寻找。

其实最重要的，是父母们需要教会孩子如何选择朋友，"坏"父母会告诉孩子，真正的朋友是能够共同奋斗、相互鼓励、不离不弃的，是精神上的知己、生活上的伙伴。在面对花花世界时，父母们尤其要能够真正帮助孩子们把关，让他们交值得交的朋友，"坏"父母们建议家长不要让孩子交以下的这几类"朋友"：第一种是那些"讨人喜欢"的孩子，他们往往得到所有人的称赞，也受到所有小朋友的欢迎，但其实，孩子应当选择那些自己喜欢，而且易于交往的孩子当朋友，不要选择那些小"外交家"式的孩子当朋友，这样才能保持住美好长久的友谊；第二种是建立在不平等的关系上的友谊，这是指一对朋友中有一个总是占另一个的便宜，通常只知道索取，从不会给予和付出，跟这样的孩子交往，不但会使自己的孩子在物质上吃一些小亏，同时在这种脆弱的友谊破裂时，你的孩子还会比对方更加伤心，毕竟自己付出了许多东西；最后一种便是那些自私自利、孤僻自封的孩子，这类孩子会带着你的孩子一起孤芳自赏，甚至搞小团体，而脱离大团体，久而久之，你的孩子当真会"因为一棵树而失掉了整片森林"。

"坏"父母妙招

1. "坏"父母们会带孩子和自己的朋友接触，并且在之后告诉孩子，哪位叔叔的哪个举动是应该学习的，哪位阿姨的哪句话说得很好等，让孩子懂得选择朋友应该有哪些标准。

2. 当父母发现自己孩子的某位朋友有一些不良的品质时，一定不要直接指出，而是从侧面告诉孩子，那些不良的品质会产生的严重后果，"坏"父母都是相信自己的孩子的分辨是非能力的。

客观地赞赏孩子的优点

夸奖孩子是教育孩子的一种重要方法，同时对孩子的成长和成才具有重要的作用。据日本的一项研究表明，经常受到父母夸奖和很少受到父母夸奖的孩子，前者成才率比后者高5倍。卡耐基说过，使孩子发挥自己最大潜能的方法，就是赞美和鼓励，尤其是来自父母的赞美。但是在繁琐的日常生活中，父母们常常会忽略对孩子进行赞美，相反地，他们却总是很容易发现孩子的缺点和不足。

"坏"父母们普遍相信，其实赞美是一种极为有效的教育手段。及时赞美孩子在成长中的每一个小小的进步，都会激发孩子对自己的信心，对孩子成长起到积极的推动作用。正如很多人都说好孩子是夸出来的，这是有一定道理的。赞美和鼓励是培养孩子自信心、帮助他们取得进步和成功的一个简单但却至关重要的环节。"坏"父母们深知，父母一句鼓励的话或是一个肯定的微笑，都会让孩子产生被认可的满足感，体验到成功的快乐。

在现实生活中，"坏"父母们应该怎样客观有效地对孩子进行自信心的培养呢？

首先，父母们应该让孩子学会积极地评价自己。研究发现，如果孩子的进步没有及时得到父母的承认，孩子对自己的评价就会偏低；如果孩子的自我评价太低或对自己的消极评价较多，自信心和自尊心就会受到严重的打击，所以，父母们要尽量且尽快地找出孩子身上的优点，及时给予鼓励。请记住，即使是再优秀的孩子也同样需要夸奖和鼓励，即使是天才也需要从自己的成果中获取进一步发展的动力。

小牛一直都是个不够自信的孩子，有时候明明自己可以做到的事情，也会胆怯地向妈妈或老师投出求助的目光，始终无法积极地评价自己的能力。妈妈后来知道，小牛这种内向怯懦的个性是因为自己平时对他管教严厉，经常批评他的缺点而忽略了他的优点而造成的，妈妈后悔万分。于是，从此以后在日常生活中，妈妈只要一找到机会，就开始有意无意地夸奖小牛，即使他成功地做了一件很微小的事情，妈妈也会摸着他的头给予赞美的微笑，并鼓励他要相信自己。在妈妈的赞美和鼓励中，小牛很快就变得自信多了，性格也逐渐开朗起来。

其次，父母要善于发现孩子的闪光点。许多父母常常觉得自己的孩子不够聪明，没有优点，这种想法既让自己不快乐，更是苦了孩子，大大影响了孩子自信心的培养和建立。其实父母们应该明白的是，孩子的聪明和才能可以表现在许多方面，父母要善于发现孩子的优点。

再次，父母们应该掌握好对孩子赞美和指责的比例，并不是说完全不能批评孩子，而应该尽量多一些赞美，少一些指责。对孩子的赞美可以激励孩子不断地取得进步，而指责往往只会打击孩子的积极性，不利于孩子的发展。很多父母都以为孩子需要的是教育，而教育就是训斥和批评，这样的想法是完全错误的。父母对孩子的评价过低，忽略孩子的努力过程，一味地重视结果，只要孩子达不到要求就横加指责，这样只会挫伤孩子的自尊心和自信心。多一些赞美，少一些指责，还可以促进亲子关系的沟通、融洽家庭氛围，父母们何乐而不为呢？

最后，培养孩子的自信心，归根结底也是对父母们"眼力"的一种考验，因为父母们最应该注意的，便是要善于发现孩子的每一个微小的进步。作为父母，在生活中要善于发现孩子的每一个微小进步，并且不失时机地给予表扬。父母要让孩子知道自己是有优势的，这样孩子的自信心才会不断被提升。

张帆平时是个很沉默的女孩，看上去也比较内向自卑，这主要是因为她学习尽管很认真，但是成绩却一直并不是很好。可是最近一次考试她却考到了班里的前10名。回家之后，妈妈发现今天女儿和以前不太一样，显得很高兴。细心的妈妈看见她拿出了类似于成绩单的东西，还一边傻笑。妈妈知道肯定是孩子的成绩上升了，于是赶紧走过去，看了一眼，然后摸着女儿的头说："女儿，你真棒。"张帆在妈妈那里得到了鼓励，一下便建立起了前所未有的自信心，高兴地对妈妈说："妈妈，我下次争取考到班里前5名。"妈妈也欣慰地笑了。

111

每个孩子都有自己的闪光点，父母只要细心观察，就会发现孩子有进步的地方，父母要做生活中的有心人，才能成为教育孩子的成功者。

"坏"父母往往有着自己独特的方法，怎样的夸奖技巧才能在孩子身上产生积极的影响呢？

首先，父母们要做到对孩子的夸奖具体细微。"坏"父母们认为，父母夸奖孩子最好要具体明了，就事论事。比如孩子给你倒了一杯水，你与其兴高采烈地说"好孩子，你真棒"，不如说"谢谢你倒水给妈妈喝，妈妈很开心"，这样孩子才能更加明确自己所做的事的价值，并且知道今后应该怎么做，还应如何努力等。其次，父母也要为鼓励和夸奖创造条件。比如偶尔让孩子帮你拿东西，收拾房间，或是在你扫地时帮你跑到厨房去拿垃圾桶等，孩子缺乏从事某种良好行为的意识，家长应积极创造条件，让孩子懂得道理，并趁机予以夸奖。此外，父母对孩子的夸奖也一定要掌握好分寸，不能夸大其词，要注意区分在孩子心中一些敏感的概念，比如聪明和努力的区别，如果你总是夸孩子聪明，会造成孩子的错觉，一旦哪天孩子哪件事没有做好，反而会让他以为是自己太笨了，结果会挫伤孩子的自尊心，所以父母们不妨少夸孩子聪明，多夸孩子努力和勤奋，才能真正培养出孩子勤奋上进的精神。最值得注意的一点，便是父母对孩子的夸奖一定要有百分之百的诚意。比如有些父母因为看到了孩子的一点点进步，就一味地称赞孩子聪明、智商高，其实在孩子看来，这不如父母坐下来跟他谈谈自己努力的经过更显得实际和真诚，进行赏识教育，家长自己要先明白究竟赏识孩子什么，只有真正清楚孩子进步的原因，才会发自内心地夸奖孩子，也才会收获良好的教育效果。

"坏"父母妙招

1. 请记住，孩子的天真便是他们最大的优点，"坏"父母永远不会把孩子的天真当愚蠢，而是懂得如何跟孩子一起天真起来。

2. 另外，父母们还应该掌握好夸奖和批评的频率，"坏"父母们通常会夸奖孩子的每一个进步，但是对孩子完全错误的想法和做法也一定会有理有据地进行批评。

及时纠正自负心理

自负是一种非常不良的心理表现，对孩子的成长危害很大，自负往往会导致自满，使孩子丧失进取心。正所谓，谦虚使人进步，骄傲使人落后。骄傲自大会对孩子的发展产生消极影响。骄傲自大的孩子常会与外界产生隔离，这使他们的心胸变得很狭隘，眼界也不再开阔，是活在自己的世界中，终有一天会被社会所淘汰，还会经受不起挫折和伤害。让我们来听听下面的例子：

有一个少年歌手在国内很红，在众人的掌声中他认为自己的歌唱得很好，一次他去国外演出，因为过于紧张，不小心唱跑了调，惹得大家都笑话他。但因为这位少年歌手初露头角时便一帆风顺，习惯了掌声、鲜花、奖牌，对挫折的心理承受力很弱。因此一旦失败，便失去心理平衡。他无法接受自己这次失误，觉得抬不起头来，结果竟选择了结束生命……

　　不得不说，自负的心理的确是孩子成长路上的一颗随时可能引爆的炸弹，作为父母，必须尽可能地将孩子的这种情绪消除于爆发之前，为了纠正孩子的自负心理，"坏"父母们建议家长可以从这样的几个方面着手：

　　首先，当孩子出现自负情绪时，父母们应该引导孩子认识到骄傲自负的危害，切勿让自负支配了孩子。由于骄傲，孩子会拒绝有益的劝告和友好的帮助；由于骄傲，孩子还会失掉了客观的标准，往往错误地估计自己。盲目自大自负的人就像井底之蛙，目中无人，自以为是，严重阻碍了自己继续前进的步伐，更不要谈进步了。所以在这一问题上，父母要记得及时地告诫孩子，每个人取得的任何成绩都只能是阶段性的、非全面的，都只是一个起点。在学习上，知识是无边的海洋，如果一时一事领先就忌手所以，恰恰是自己知识不够、眼界不宽的表现。在我国历来讲究"谦受益，满招损"，有意识地给孩子介绍一些成功者的经验，告诉他们古今中外凡是有所作为的人都是在取得成绩后仍能保持谦虚奋进的人。教会孩子，那些越有成就的人其实都是越谦虚和谨慎的，只有懂得不多的人才会认识不到人外有人、天外有天的真理，产生自负自满的想法。

　　其次，面对孩子的自负，父母应该耐心教导，第一步就是让孩子正确评价自己。孩子出现自负情绪往往是过高地估计了自己，认为自己比谁都强，只看到自己的长处，看不到自己的短处，拿自己的长处比他人的短处。因此，他们往往狂妄自大，大都以"自我为中心"，想干什么就干什么，不会设身处地替别人着想。作为父母，我们应该耐心地教导孩子，教孩子学会取长补短，让孩子学会正确地评价自己，既认识到自己的优点，又能清楚地看到自己的不足，特别是要告诉孩子，能够看到自己不足的人，才是有可能成功的人。父母还需要尽可能地规范孩子的行为，督促他们改正自负情绪，告诉孩子在交友中应该怎样做和不应该怎样做，并加以训练和指导，使其养成良好的行为习惯，这样，孩子才会受到大家的欢迎，孩子自身也能更加容易地融入一个集体，他们自己也会因此而感受到快乐，而不是孤芳自赏、顾影自怜。

再次，父母们应该注意表扬孩子时感情的流露要适度，不要过分夸张或过分严谨。比如有些父母望子成龙心切，孩子稍微有点进步就欣喜若狂，赞不绝口，久而久之，必然助长了孩子的自满情绪。所以，在对孩子进行表扬时，父母们正确的做法应该是就事论事，不过分表扬，也不视而不见。有时对孩子轻轻地微笑，也会起到赞美之词难以起到的作用。另外，父母们还应尽量少在外人面前夸奖孩子，而是应适当地、有选择地在外人面前给予孩子肯定，因为小孩子的自我评价能力还很差，看到那么多人肯定自己，会产生错误的认识，认为自己真的有多么优秀，从而产生自负心理。

最后，控制孩子的自负情绪，父母们首先要做的便是以身作则，为孩子树立榜样。榜样的力量是无穷的，父母是孩子的第一任教师，是孩子效仿的最直接的榜样，爸爸妈妈对孩子的示范作用是巨大的。所以，父母应该成为孩子高尚人格的榜样，为人父母，更应该做到在生活中谦虚友善，对待自己和他人都要给予客观的评价，不要在孩子面前表现出刻薄的一面，更不要在孩子面前表现出自负情绪。要知道，小孩子学什么都很快，你的情绪会直接传染给他们，让孩子受到不良的影响。如果父母不能良好地掌握虚荣心的"度"，孩子则更会非常迷茫，最终迷失在自负的情绪中。

"坏"父母妙招

1. 明确告诉孩子什么是值得骄傲和可以拿出来炫耀的事情，什么样的虚荣心会给别人造成压力，招人讨厌，并且让孩子多想想自己对小伙伴们的虚荣心的感受。

2. 有时候，一个人表现得特别自负其实是自卑或者不够自信的表现，作为家长，"坏"父母们提醒大家一定要善于区分孩子的情绪，不要判断错误，并且要及时地"对症下药"。

第五章
恩威并重,严格与慈爱同等重要

在孩子面前,不要做权威,也不能落后于旁人。让孩子怕你有度,敬你有据,爱你有理,才是做父母的良道。

"炫耀"的收获——让孩子为你骄傲

最近有一项调查,在孩子眼中认为的让自己骄傲的家长应该是怎样的呢?用颇具现代气息的话来总结,就是:"少一点儿说教,多一点儿微笑;懂点儿电脑,化点儿淡妆,读点儿书,看点儿报,气质高雅,有求必应。"虽然这听起来有些荒诞,但却也能让父母们从一个侧面了解到自己在现代孩子们眼中的不足之处。

细细想来,这上面的某些要求其实非常合情合理,比如少一点儿说教,正是对某些家长叮嘱式说教、询问式说教、催促式说教等不当的教育方式的不满,孩子之所以对父母的这些说教不愿意听,正说明了孩子在与时俱进,在随着社会的进步不断成长,而相反,大多数家长却并没有跟上孩子的头脑,还原地不动,总是用自己的老经验来教育新一代的孩子,试问,这怎么会有效果呢?再如孩子希望家长读书看报,其实也是有客观原因的,通过调查,有70%的父母和子女不能达到良好的沟通,正是因为家长的知识不够丰富,对目前社会上新兴的一些文化概念或生活理念没有认识,导致和新一代的孩子没有共同语言,使得孩子从仰视父母到俯视父母,所以家长要向孩子靠拢,寻找共同感兴趣的东西一起学习,进入孩子的世界,才能让这些小家伙们讲心里话。

此外,父母还应该明白,教育始终是双向的,如果想培养出一个让父母骄傲的孩子,自己就首先要做个让孩子骄傲的父母。社会在飞速发展,观念正日益更新,不少父母却把所有美好的期望只全部寄托在孩子的身上,从而忽视了对自身素质的提高。殊不知,这是一种不理智的培养孩子的观念,也可以说是家庭教育失败的根源。如果希望明天你以孩子为骄傲，那么今天孩子应该以你为骄傲，所以那些对孩子有很高要求和期望的父母们，首先应该问问自己，你要求孩子做这做那，你自己是否都会做呢？比如你要求孩子抓紧时间学习，那么你自己每天的业余时间都用来做什么呢？是看电视，还是看书呢？你要求孩子在班里考试保持前几名，那么你在单位是不是也表现突出呢？事实上，只有能和孩子一起进步的家长，才是值得孩子骄傲的家长。

　　让父母们成为孩子的骄傲，并不是说要父母们从孩子那里得到多么大的满足感，但若是当父母成为孩子的骄傲时，孩子就会自然而然地把父母当做学习的榜样，孩子将会在父母的一举一动影响下，潜移默化地改变自身，这和为孩子做榜样是有一定区别的，如果父母能够成为孩子的骄傲，孩子对父母言行的观察就不会仅仅限于下意识地模仿这一层面，而是积极主动地复制，而这样的学习才是最有效的。以下的这个总结是"坏"父母们的经验之谈：只有父母率真，孩子才诚实；父母谅解，孩子才宽容；父母微笑，孩子才欣慰；父母友好，孩子才和善；父母奋发上进，孩子才顽强拼搏；父母充满信心，孩子才自信不屈。

　　那么，如何才能让父母们成为孩子骄傲的对象呢？"坏"父母们有着一些独特的"坏招"，比如如果父母想要孩子对自己的话言听计从，并奉为真理，那么就要让孩子对父母的能力产生敬仰之情，即要想得到孩子的信任，父母就必须起码在某一方面让孩子对你特别佩服，让他们觉得你非常高大，能常常把诸如"我爸真有本事，他什么都懂"，"我妈特别棒，人人都夸她"等话挂在嘴边，孩子自然就会听你的了。但家长如果经常做错事，孩子就会认为你也不怎么靠谱儿，大人也不过如此；或者你做了不该做的事情，哪怕微小的事，一点点积累起来，孩子也会在心里看不起你，从而导致的直接后果就是不再相信你的权威，这样的家庭教育无疑就是失败的。

　　父母是孩子的后盾，有句老话总是说，孩子不管多大了，在父母眼里也都还是个孩子。"坏"父母们虽然可能不会无微不至地照顾孩子，但却会让孩子觉得可以信任，也不会强行限制孩子做什么事情，但会在必要的时候给予孩子帮助和指导。如果孩子不够信任父母，或是亲子关系不好，父母帮助孩子或是提醒孩子的时候，就会引来孩子的反感情绪，亲子关系好，父母的话孩子才会接受，这就是成功的沟通教育，也是成功的"坏"父母们和那些不懂得教育的父母之间的重要区别。

想要让孩子因为你而产生的自豪感，父母除了要做到值得孩子信任以外，"坏"父母们也可以尝试一些"出其不意"或是"有创新意识"的举动，以赢得孩子的尊重和敬爱。如曾经有一位父亲每个周末都会帮助整个小区的楼道打扫卫生，并且还以此为"炫耀"的资本，经常要求孩子做自己大扫除时的支持者和观赏者，这种"炫耀"所带来的收获就是孩子经常能听到邻居的叔叔阿姨夸奖自己的父亲勤劳，有公共意识，做事充满热情等，孩子们觉得父亲的行为虽然有点儿"特立独行"，却非常值得骄傲，久而久之便也争相帮忙。

在我们的身边不乏这样的父母，他们常常是不惜重金，为孩子的升学或择校历尽千辛万苦，费尽百般周折，仍乐此不疲，永远且唯一的目的就是想让孩子享受到最好的教育。给孩子创造一个良好的学习环境固然相当重要，但这种课堂上的"言教"是无法替代父母的"身教"的。俗话说，有其父必有其子，话虽有些绝对，但足以证明父母对孩子的影响力。父母的身教，其实就是孩子的一个人生大课堂，对孩子的未来常常具决定性的影响力。

看看下面的这两件事儿，或许也能给父母们带来启发：

在武汉一家商业银行工作的李先生在武汉江滩游玩时，不小心丢失了钱包和其他贵重物品。一位素未谋面的的哥捡到了李先生的东西，他为了教育孩子，带着女儿主动给李先生送还了失物。的哥称："我今天还这个包，我女儿会一辈子记得……"

在北京站前的一条大街上,曾经出现了一对父子打着"免费指路"的牌子,为游客义务指路。经过了解,老人是北京某语言文化中心的董事长,平时很忙,五一期间特意挤出时间带着儿子做公益事业,让儿子在实际锻炼中成长。而父子俩的这个行动也带动了许多其他的热心人一同加入了这个行列。

上述的两件事虽然都不惊天动地,却足以令人感受到两位父亲在教育子女时的良苦用心。正所谓身教重于言教,事实上,让孩子能够为你骄傲并不难,只需为人父母者从自己的一言一行中做好表率,用正确且积极的行动去影响他们的人生观、世界观。一个实际行动,胜过无止尽的说教。父母让孩子骄傲,并不需要多么惊天动地的壮举,许多时候看似平凡的一句话一个微小举动,常常能给孩子们以启发。

"坏"父母妙招

1. "坏"父母都懂得在适当的时候在孩子面前称赞自己,让孩子学习自己身上的闪光点,这样才是有效的"遗传"。

2. 要想让孩子为你骄傲,你就要有某一个方面是的确值得骄傲的,但请千万记住别在孩子面前吹嘘你多么多么富有,唯有这一方面不适合炫耀。

向孩子索要"爱"

在大多数孩子眼里,来自父母的亲情是天然且无私的,子女爱父母也是与生俱来,天经地义的。可是为什么近年来一些在蜜罐中长大的孩子似乎缺少了爱心和孝心,他们往往只爱自己,不爱父母,更不会关爱他人。

其实，爱是一种能力，并且这种能力是需要培养的。我们需要孩子懂得爱我们，那么，我们就应该先想想，我们是否真的懂得该怎样去爱孩子。

有人说，在当今的独生子女时代，要紧的是教给年轻的父母如何去爱孩子，进而才能让孩子学会怎样爱父母。所以，如果想要孩子懂得怎样爱父母，父母应该首先学会怎样表达爱。的确，不少初为人之父母者不知道如何向孩子表达自己的爱，有的一味溺爱，有的仍信奉打骂即爱。事实告诉我们，父母对孩子的爱虽然缘于天然，发自内心，但也需要学习，并且能潜移默化地影响到孩子怎样表达对父母的爱。正如很多中国父母都已经知道的那样，中西方的父母在向孩子表达爱的方式上有着很大的区别，中国父母不太会用语言表达对孩子的爱，他们的话大多是含蓄、间接的，很少听到他们对孩子说"我爱你"、"我想念你"之类的话。他们也不太习惯用亲吻或拥抱来表达对小孩的关爱。而在西方国家，父母们的做法却恰恰相反，他们不仅用语言也用行动直接表达自己的爱意，同时还经常热情洋溢地称赞孩子，夸奖孩子："你是这个世界上最聪明、最漂亮的小伙子（小姑娘）。"这些文化上的差异，或许也是我们很多人长大成为父母后不会表达爱的原因。于是在物质生活水平逐渐提高的今天，出现了虽少有语言来表达爱意，却不乏用大量高级的食物、玩具宠爱孩子的父母。殊不知，这样的教育方式会让孩子更加不懂得珍惜，也对孩子学会表达爱没有任何帮助。教孩子学会爱，父母先要给予孩子爱，并把渗透在生活中每时每刻的爱意明确地表达出来，让孩子感同身受，铭记在心，在爱的伴随下，孩子同样会学会表达爱的方法。

父母爱孩子不需要理由，然而，在这种不需要理由的爱中，适时表达爱、传递爱，也是对孩子最重要的爱的教育。下面的例子你是不是觉得很熟悉？

炎热的夏天，一位年轻的妈妈带宝宝去市场买菜，顺便给宝宝买了一根儿冰棍儿。宝宝咬了一口说："真甜！妈妈你尝尝，可好吃了。"少妇说："你吃吧，妈妈不热。""不，你脸上有好多汗呀，就吃一口吧。"宝宝举着冰棍儿恳求道。"宝宝真懂事，知道心疼人了。好吧，妈妈就吃一口。"少妇蹲下身来轻轻地咬了一小口冰棍，母子俩脸上都露出甜蜜的笑容。

"人之初，性本善"。不经世事的孩子，最初都是不自私的，许多时候当孩子要和父母一起分享食物时，多数父母会说："我不吃，宝宝自己吃吧。"但这些父母不知道的是，正是这句话把孩子萌芽状态的爱心给抹杀掉了。记住你接受孩子给的食物，让他从小学会与人分享，是培养孩子孝心、爱心、同情心的最简单方法。切不可纵容孩子吃独食的行为。

再让我们看看下面的这两个例子：

妈妈为妞妞削苹果时，不小心划破了手，鲜血顺着手指流下。两岁的妞妞瞪着大眼睛不知所措，妈妈说："快把你的手绢给妈妈按住伤口。"然后妈妈找来创口贴包住手指。妞妞小声问："妈妈疼吗？"妈妈说："很疼的。妞妞可不能拿刀，会切手的。"妞妞懂事地点点头，妈妈又不失时机地请求："乖孩子来给妈妈吹吹。"妞妞撅起小嘴一边轻轻地吹，一边说："别怕，吹吹就不疼了。"

爸爸病了躺在床上，5岁的杨扬走过来说："爸爸你难受吗？我给你倒杯水吧？""去一边玩去！别烦我。"爸爸没好气儿地说。妈妈也过来拉杨扬，"快到客厅看电视去，别叫爸爸传染你了。"吃饭时，杨扬说："我给爸爸端碗粥吧。""别了，你哪端得了？你爸不饿，你先吃。一会儿电视还有动画片呢。"妈妈几句话就把儿子哄到饭桌前。母子俩不再理会屋里的病人，自顾自地吃起饭来。

从上面的例子父母们其实不难发现，善良和同情是孩子的天性。先天爱心的自然流露在孩子幼儿时期是很普遍的。可如果后天得不到很好的培养，他们的爱心就会逐渐消失。因此，父母千万不要放过任何一个有助于培养孩子爱心的机会，时刻注意引导和培养孩子去关爱别人，适当捉住机会向孩子"索要"爱，才是聪明父母的选择。

还有一个例子也能给父母们以启迪：

爸爸下班到幼儿园接儿子回家。他抱着儿子边走边说："要过年了，今天我们单位大扫除。"儿子问："什么是大扫除？""就是扫地、擦桌椅、擦玻璃、倒垃圾。"爸爸解释着。"那爸爸累不累呀？"儿子又问。"当然累了，腰酸背疼的。"爸爸故意夸张地说。两岁的儿子扭动着身子："放我下来，我自己走。"爸爸放开手，儿子迈开双腿走起来，还大声说："看，我会走，我不累！"

现实中有些父母尽管自身有许多生活艰辛和身体病痛，但他们总是竭力在孩子面前掩饰，错以为这是爱孩子，却不知其实是剥夺了孩子为他人着想的机会，反而会害了孩子。生活中有苦才有乐，家长不要刻意去掩饰生活的另一面，而应让孩子从小学会分担你的艰辛病痛，理解生活不可能一帆风顺，长大后他才会珍惜眼前的生活，才会以真诚之心关爱别人。

最后，教会孩子懂得亲情才是最重要的必修课。父母是爱心的播种者，父母所做的一切要让孩子明白，自己从父母这里获得爱，也要以爱相回报。有爱心，本质又善良的孩子才能成为今后对社会有益的青年人，父母们不需要一味地付出，偶尔也需要主动要求孩子的回报，这样孩子不但能够获得爱的锻炼，还能懂得体会他人的辛苦，逐渐学会为他人着想。父母们可以在家中利用玩具或者小动物等开发孩子天性中的爱心，比如告诉孩子花草树木和小动物一样都是有生命的，我们要爱护它们，在这样的情境中孩子的爱心就会会不断萌发成长；父母还可以在家中让孩子将自己的好东西拿出来同大家一起分享，比如有了好吃的或者新玩具，鼓励孩子拿给别的小朋友一起吃、共同玩等。最后，多多与孩子交流也是不容忽视的，要把孩子真正当成家庭中的一员，不管是家中谁的事，都可以有选择地同孩子多多商量，让他们学会换位思考，也就能逐渐懂得去体贴他人。

"坏"父母妙招

1. "坏"父母们提醒大家，父母可以尽情享受孩子对自己的关心和爱护。

2. 父母还可以有意地让孩子多听一些关于亲情的故事，或多看一些描写亲情的影片等，让孩子认识到亲情的深厚和重要。

3. 父母也可以每天对孩子说一句"宝贝儿，我们爱你"。同时也鼓励孩子对自己也以同样的方式表达爱，比如教会孩子说"妈妈，我爱您，您辛苦了"等。

孩子，请像我们爱爷爷、奶奶那样爱我们

孝敬父母是中华民族的传统美德，更有二十四孝的故事留给后人以孝道的楷模，尊老敬老是祖先留给我们的宝贵财富。今天，我们更应将这种美德发扬光大，一代一代延续下去。

作为当代的"坏"父母，应该如何教自己的孩子学会孝顺呢？

首先，也是最重要的一点，便是"坏"父母们要为孩子做好孝顺的榜样，用自身的实际行动来向孩子诠释何为孝道。"坏"父母们深知，家长的言行是孩子最好的老师，父母也会有自己的长辈，父母要在

孩子面前做一个孝顺的榜样。如果父母都不能做到孝顺自己的父母，试问，孩子又怎么可能学会孝顺自己呢？父母孝顺自己的父母，孩子就会孝顺自己，这种影响是无形的。每位父母都要尽自己所能孝顺自己的的父母，这样才能让孝顺父母的理念深入孩子的心灵。父母要以身作则，用实际行动让孩子知道从小就应该孝顺，孝顺是一种美德，没有孝心的孩子不是好孩子。"坏"父母们还要尽可能地让孩子知道怎样才能有孝顺之心，怎么才能报答父母的养育之恩。

下面的两个例子形成了鲜明的对比，也许能告诉父母应该怎么做。

事例一：曾经有一对夫妇，对待自己年迈的母亲很不好，每天家里吃饭，他们都给老人一个木碗，从来不在碗里放一块肉，有时还会给老人剩菜剩饭，老人只能忍气吞声，委屈地生活。家中有个几岁的小孙子，跟奶奶的关系非常好，每次小孙子看到家里吃饭时奶奶都用着跟自己和父母不一样的碗，感到很奇怪。有一天，孩子的妈妈身体不舒服，就叫孩子从厨房端一碗姜汤给自己，过了一会儿，这位妈妈看到儿子拿着木碗回来了，便惊奇地问孩子为什么用木碗，孩子听了不明所以地回答："妈妈不是平时都让奶奶用木碗吃饭吗？所以我也应该用木碗给妈妈盛饭呀。"妈妈听后无比汗颜。

事例二：君君的爷爷今年已经90多岁了，全家人都把他当成是活宝，他的大事小事都必须在全家人的密切关注下进行，很怕他受到伤害。爷爷每天早晨都起得很早，要到楼下的小花园里去遛弯儿，和那儿的老人一起聊会儿天。因此妈妈就会每天第一个起床，给爷爷准备他爱喝的豆浆和早点，让他一回来就能吃。如果他回来晚了，就先用水温上。父母对爷爷这些生活细节上的照顾，君君都看在眼里，记在心里。平时他自己也学会了对爷爷照顾有加，对父母也很体贴，让他们能够对自己很放心，父母很感欣慰。

孩子都是很天真的，也许在他们幼小的心灵最初，是不懂得何为孝道的，但孩子对孝心的理解一般都是从自己父母身上学来的，父母的孝心观念，很容易影响到孩子对孝心的理解。因此，"坏"父母们要想培养一个有孝心的孩子，就要自己先做一个有孝心的人，将孝顺切实地落实到行动上。

其次，"坏"父母们一定要让孩子有表达孝心的机会。父母不要无意识地剥夺了孩子表达孝心的机会，不要事事都想着自己应该怎样去呵护孩子，有些时候，也需要让孩子来照顾自己。把自己的爱藏起一半来，让孩子有机会用爱来爱自己的父母。

青青的妈妈听说小区里最近新开了一家烤面包店，这天周末，全家人都在家，妈妈就去买了两个香喷喷的面包回来。青青撕开包装纸就去扯面包，妈妈一看，就对他说，你看爸爸在家里忙着，他画了半天儿的工程图了，你是他儿子，是不是要有所表示啊？青青一听，知道妈妈是什么意思，便拿着面包高兴地先递给了爸爸。妈妈对他说，那你就吃另一个面包吧，谁想到青青跟妈妈说，还是你吃吧，爸爸吃一个，妈妈吃一个。妈妈欣慰地笑了，对孩子说，乖，还是你吃吧，看你馋的。青青这才拿起另一个面包高兴地吃了起来。

其实，在我们看似简单规律的生活中，孝心其实就体现在一些细节上，"坏"父母们要在平时多多让孩子注意这些细节，要多给孩子一些表达孝心的机会。父母通过对孩子这些孝心的细节的培养，可以逐渐让孩子明白孝的真谛，还可以不失时机地教育孩子该怎样孝顺老人。

还有，"坏"父母们还要积极主动地多鼓励孩子的孝行，哪怕只是一点点的孝心，或者只是一个想法，当孩子做出了一些有孝心的事情时，父母要及时给予肯定和支持。

强强三岁时，听妈妈讲了孔融让梨的故事，就在吃苹果的时候，选出了一个最大最红的对妈妈说："妈妈你吃这个。"妈妈看到孩子的举动，没有觉得幼稚和好笑，也没有推辞，而是大大方方地接了过来，拍了一下强强的肩膀说："宝宝真乖！会心疼妈妈了，真是个好孩子。"强强看到妈妈高兴地吃下了自己选的水果，心里也是美滋滋的，他也觉得自己是做了一件很好的事儿。

所以，"坏"父母们在孩子平时对自己流露出孝心时，要十分小心不要扼杀掉孩子表达孝心的机会，要顺应孩子的做法，欣然接受，并及时对孩子的行为进行表扬，让孩子能够明白自己所做的事情是对的，是值得鼓励的，于是孩子便记住了这种表达的感觉，下次会更乐意去做同样或类似的事，孝心也就逐渐培养起来。

此外，"坏"父母们在平时也懂得培养不过度地溺爱孩子，父母如果平时把孩子当成小皇帝一样来供养，也就不要怪孩子日后养成了以自我为中心的习惯，而不把父母放在眼里了。父母的溺爱其实是孩子不孝顺的行为的始作俑者，会纵养出孩子很多的坏毛病。在过度溺爱下长大的孩子，肯定会缺乏孝心。因为在他们的心里已经形成了一种观点，父母为自己所做的一切都是理所当然的，自己不需要去感恩，于是也就更谈不上回报与关爱了。这样的结局是教育的悲哀，也是父母的悲哀。

最后，也是很重要的一点，"坏"父母们还会让孩子学会与父母换位思考。父母可以让孩子适当地承担一些家务，或是为家庭中的一些事做决定，这样孩子就可以体会到父母对家庭的付出，会试着学习从父母的角度去考虑问题了。"坏"父母们相信，孝心的养成也是需要让孩子能够从父母的角度去考虑问题的，只有理解了父母，才能关心和体贴父母。父母要让孩子理解父母的辛苦。孩子不懂得孝顺父母的一个重要原因是不能体谅自己的父母的辛苦。他们只知道心安理得地享受父母为自己创造的物质生活，父母要告诉孩子自己的工作情况，有条件的父母可以让孩子去体验一下。孩子体验了，就会知道自己的一切都是通过父母的辛勤工作换来的，应该珍惜现在的生活，就会从心底体谅、尊重、孝顺父母了。只有孩子切身体验了，才会体会父母照顾他们的辛苦，才知道体谅父母，做自己力所能及的事情。

"坏"父母妙招

1. 如果条件允许，父母可以请求家中的老人多给孩子讲述一些儿女如何孝顺他们的事例，让老人用切身的体会告诉孩子他们需要什么，作为儿女应该做到什么。

2. 多给孩子创造一些为父母做事的机会，比如母亲节、父亲节、父母的生日、结婚纪念日等，可以让孩子写贺卡、制作简单的礼物，培养孩子的孝心。

培养孩子的规则意识

在生活中，每个人如果要活得潇洒，活得有人缘，做事便不能无所顾忌、任性而为，而要掌握好"度"。在生活中，我们每个人都应该为自己制定一些规则，这些规则是一个做人做事的底线，凡事皆不能出圈儿，为人父母者，则不仅要严格控制自己不做过火的事情，还要尽早地告诉孩子他们的规则在哪里，什么是孩子做人做事的底线，为孩子的行为制定一定正确切实的规则，才有助于孩子真正健康无忧的成长。

规则，就是规定出来供大家遵守的制度或章程。规则习惯即是遵守这些制度或章程的良好态度和习惯。正如上述所说，教给孩子们的规则，是要告诉孩子做事情的底线和是与非的基本标准。不过，父母们也不必担忧规则是否约束了孩子的成长，会不会把孩子教育得非常死板，适不适合这个讲究个性的年代，其实只要给孩子灌输的规则恰当适用，总之是非常有利的。在一个没有规则的环境中，孩子会缺乏安全感和方向感，反而会无所适从，这会很不利于他们的成长。

　　规则意识是一个人对于社会行为准则的自我认识和体验，只有规则意识较强的人，才能拥有较强的自律精神，不会轻意犯错，也较容易适应社会，不会在规则面前显得无处遁形，万般受限。培养孩子的规则意识，也是每一位父母的一项必修课。规则意识主要表现在以下几方面：
1．意识到每一种事物都有其自身的规律、秩序和准则，这是不以人的意志为转移的，不要去试图改变它，或是认为在做无用功；2．知道生活中有许多事是可以做的，还有许多事则是不可以做的，人们只有遵守共同的行为准则才能愉快地相处；3．当自己的需求与社会规则产生冲突的时候，能意识到应该对自己的行为作适当的控制和调整，让自己去适应社会，而不是让社会孤立自己；4．意识到许多规则是人为的、可变的，自己应该客观、灵活地对待一些不利于自身发展的规则，积极、主动地争取更为宽松自由的发展空间。

　　孩子的规则意识，大多是通过自己不断地实践和尝试来获得的。"坏"父母们认为，教孩子遵守规则其实有三个主要的基本原则：首先，父母们应该明白，对于孩子来说，规则并不一定是越多越好。"坏"父母会给孩子相对充分的自由，这样才能让他们愿意遵守规则，尽量不要过多地限制孩子探索的行为和乐趣。其次，规则要从少到多，逐步叠加，因为如果一下子建立起太多的规则，反而不利于孩子对规则的理解和遵守。在开始时，也许只是有针对性地建立少数的规则，当孩子们理解并能很好地遵守了之后，可以建立更多的规则让孩子们去适应，只有循序渐进，才能有所斩获。此外，正如世间万事万物都有自身的发展规律一样，教孩子的规则，也要符合孩子的身心发展规律，同样的规则，对不同年龄段的孩子不见得都合适。不同年龄段的孩子有不同的特质，在设置规则时要考虑到。最后，也是最重要的一点，"坏"父母都会始终如一，在孩子面前，规则一经建立，就要执行到底，说到做到。如果孩子触犯了规则，父母不能因为心疼孩子或是嫌麻烦，就让这件事不了了之，一定要按事先说好的惩罚办法来履行才行。只有这样才能有利于切实地让孩子明白，谁都要为触犯规则负责，他们也就会更认真地对待和遵守规则了。

如何才能让父母更为有效地对孩子进行规则教育呢？

首先，父母一定要对孩子加强引导，让孩子从内心深处明白规则的重要性，说白了，就是要让孩子明白人为什么要守规矩。父母要多讲规则的用处，让孩子了解规则无处不在，一定的规则能保证人们更好地生活，还可以让孩子设想违规的后果，适当地引起他们的畏惧心理。在此，父母需要注意的是，规则意识的养成不是一朝一夕的事，如何在生活情境中帮助孩子逐渐形成明确、统一、灵活又具有可持续发展的规则意识，使孩子的个性与社会能够有效且自然地融洽相处，从而在社会中获得幸福的生活和感受，是一个持久的教育工程，需要父母们持之以恒、细心、耐心，并且言传身教。

其次，在需要孩子学会一定的规则时，可以让孩子先做有限的选择，因为漫无边际的选择会让孩子无所适从。把孩子必须要做到的事定为规则，在这个范围内给孩子几个可选择的方向，这样的话，不论孩子选择什么，他的行为都在规则之中，从而自然而然地接受了对于规则意识的培养，也会促使他们形成一定的行为为习惯。

此外，适当地采用自然惩罚法，即让孩子体验到不守规则的不良后果，对培养孩子的规则意识也是很有效的。但这种方法要有一定的限度，还要与说理引导相结合，晓之以理、动之以情，必要时要示范给孩子，让他看遵守规则和不守规则所产生的不同后果，这样，就能使孩子慢慢感悟，变得懂事起来。

最后，培养孩子一定的执行规则的技能也是非常必要的，没有技能，即使有时孩子具备了一定的规则意识，但仍会出现违规的现象。父母应当适当地、有选择地教孩子一些必要的做事的方法，如培养孩子的自理能力等，以提高孩子的生活技能。

"坏"父母妙招

在孩子不同的年龄，给孩子制定不同的规则，要明确地告诉孩子，如果违反规则，再小的错误都是不可以接受。

孩子，这个你来教妈妈

当今社会日新月异的发展给父母们提出了一个新的课题——父母们也要学会向孩子学习！孩子具有许多的优秀品质，比如乐于接受新事物和新思想，主体性增强；平等意识、法律意识和自我保护意识增强，有较强的公民意识和环保意识，相信事实，懂得休闲与生活的关系，兴趣爱好广泛等。在开放的环境中长大的孩子眼中，父母已不再是绝对权威；他们更关注自我发展，父母在一定程度上在他们眼中过于呆板、成熟、老于世故。所以，千万不要以为父母知道的就一定比孩子多，特别是在这个日新月异的年代，孩子往往比父母一辈更能吸纳信息，父母偶尔向孩子表现出一些自己的不解，并不是无知的表现，反而会让孩子觉得自己的父母很开明，也很有童心，也许还会成为父母与孩子建立朋友关系的基础。所以，多向孩子说一说"宝贝，这个你来教妈妈吧"，正是"坏"父母们应有的做法。

那么，父母们应该怎样向孩子学习，才能起到积极的效果呢？"坏"父母们建议不妨从以下几个方面着手：

首先，父母们要树立终身学习的理念。人类学家玛格丽特·莱德当年所描述"并喻文化"（两代人互相学习的文化）和"后喻文化"（老一代人向新一代人学习的文化），正在越来越多地出现在我们的生活中。面对信息的瞬息万变，竞争的日趋激烈，头脑灵光的孩子们尚且自顾不暇，更何况已经成熟和形成了一定原则和观念的父母们呢？但如果父母们不想被孩子们和这个时代所抛弃，那就必须采取最有生命力的生存方式——终生学习。父母们应该意识到，自己所具有的价值观念、知识、行为方式及习惯有很大一部分已难以适应社会的发展，但是，我们的孩子出生在这个新的时代，成长在这个新的时代，对这个新的时代有天然的适应能力，在这种情形下，我们不得不向年轻一代学习，以便从他们身上感受到社会的变化，在他们的帮助下一起适应新的社会。进而，现代社会迫使家长转变观念，接受并尊崇这样一个理念——向孩子学习应是成年人真正成熟和睿智的标志之一。

其次，父母们要尽量放下架子，真诚地走进孩子的内心世界，才能在孩子身上学习到越来越多有价值的东西。在知识经济社会高速发展的今天，互联网越来越普及，知识的来源也越来越多元化，孩子已不再像原来那样只能从父母和老师身上获取知识，相反，他们在互联网或电视中获取的知识也许比父母们从书本上几十年获取的都要全面和丰富，所以，在他们身上已经蕴藏着能够影响成人世界的潜能，社会要求孩子们将自己的兴趣、爱好、知识、经验、理念反哺给成人已经成为必然。我们现在推崇的应该是一种"学习型的家庭"，即父母放下架子、收起面子，积极主动地向孩子学习，这根本谈不上丢人不丢人，反而是父母们一种积极心态的体现，并且也已是一种必然、一种时尚、一种社会进步的标志。俗话说每个人都是一本书，现在需要父母们把每个孩子也当成一本书，走"进"孩子的"进"，就是要真正深入地了解孩子、研究孩子、读懂孩子这本书。每一个孩子都是一个特殊的个体，是一本独特的"书"。了解孩子，不能只停留在孩子的物质需求和身体健康等这种低层次，这样的父母永远成不了优秀的父母，顶多只能算是孩子成长的"保姆"，真正的父母应多关注孩子的精神世界、心理发展；研究孩子，要避免主观、随意、专制、轻信等问题，应注重在平等、民主的家庭学习氛围中多沟通、多融合；读懂孩子，就要细致入微地发现孩子的个性倾向、兴趣志向，就要想孩子所想、说孩子所说、做孩子所做、学孩子所学，做"时尚爸妈"，做"爱学习的爸妈。"

最后，也是最关键的一点，"坏"父母们之所以能够"坏"得巧妙，正是因为他们尽量让自己能够与时俱进，保有一颗年轻的心，甚至积极主动地和孩子共同成长。早在20世纪上半叶就有人提出："我们正在被青少年甩在后面，我们感到了挑战，我们对自己的无能和无知感到恐惧。"正如现在，各行各业都面临着"长江后浪推前浪"的趋势，如许多教授计算机的专职教师对这一点感受最深，很多学生在老师指导入门后，很快就超过了教师，最后就变成了相互学习。因为信息社会里，重要的不是积累，而是学习能力的强弱，甚至可以说是越是知识经验不多的人，越是有机会因学习而发生变化和超越，或者说，越是有能力放弃原有的知识、学习新鲜知识的人，越能成为领先的人。所以，比起知识已经显得迂腐和老旧的父母们，"坏"父母们能够清楚地看到：孩子身上蕴藏着更为巨大的发展潜能。许多父母都从切身经历中得到启示，很多孩子不仅成绩优秀，而且还有丰富的生活和适应市场经济的多种能力。所以，"坏"父母们应该深知，现代社会应是两代人共同成长的社会，两代人都面临着机遇和挑战，两代人只有相互学习、共同成长，才能创造出更为和谐的社会和家庭。家长只有让现代的、民主自由的清新气息吹进家庭，创造一种与现代社会融洽、合拍的学习氛围，在家庭学习中倡导互相尊重、平等相待，才能真正将"向孩子学习"落到实处，真正实现两代人互相学习、携手并进、共同成长。

总之，谦虚且亲切多多地向孩子学习，不但能够令孩子感到成就感，拉近亲子关系，更会为父母们自己找到一个新的给生命注入活力的渠道，发现一个重新思考教育和人生问题的新的观察点；向孩子学习，成年人会重新去理解领悟生命的本质、生活的品质；向孩子学习，聪明的父母们甚至会重新变成孩子，看到更多生活的乐趣，享受到更多亲情的阳光。

"坏"父母妙招

1. 请父母们切记，不耻下问反而会被孩子们看得起。
2. "坏"父母们会在孩子不注意时偷偷地向外界了解一些当下孩子关注的问题和话题，并且在孩子面前出其不意地讲出来。

宝贝，你能开画展

"孩子们都是艺术家。"这是一位美术教育家对儿童艺术作品所发出的由衷感叹。

不可争议的是，孩子因为没有太多限制，可以随心所欲地将自己的想法最原始地展现在自己的艺术作品中，就以绘画为例，他们就是画自己所想、画自己所见，对他们而言，画画没有目的，而是一种情感的表达、语言的延伸，更是他们对世界所产生的独特的认识。

现实中普遍存在这样一种现象，对孩子的涂鸦，父母们往往可以接受和认可，即使他们根本看不懂那些作品，也会认可那是在画画，并欣慰于孩子们那些天真的表达。然而，随着孩子一天天长大，人们往往开始用对待成人的眼光去衡量孩子们的绘画"作品"，往往只看画面是不是漂亮，形象是不是准确，而不去过多关注孩子在画作中所要表达的想法。这样的做法其实只能扼杀孩子们的想象力，父母们应该理解到画画只是一种形式，其目的是训练孩子们去想象、去表现、去获得创作的能力。

忽视孩子创造性的培养，其实是在多数父母中普遍存在的现象，连我们的教育系统也在这一方面有所欠缺。不少父母在教育中重视让孩子依样画葫芦，循规蹈矩，一板一眼地记忆现成的知识，而不是鼓励孩子自己动手动脑去创造，甚至有的家长在孩子尝试创造时，总不停地纠正他们，让孩子依照成人的想法去解读世界，其实，这种批评只会让孩子们自卑地以为自己想的都是错的，慢慢地便会不愿去开拓思维和创造什么了。针对此种现象，不少"坏"父母们都非常不赞同，并且开始明确指出：要支持儿童富有个性、创造性的表达。在评价儿童的艺术表现和作品时，应接纳和肯定儿童独特的审美感受和表现方式，激发和保护儿童的表现欲与自信心，避免对儿童的艺术作品予以否定，进行限制或干涉。

"坏"父母们是非常明白的，孩子虽然小，但也有自己的想法和对世界万物的认知和理解。有时候孩子脆弱的心灵是比我们成人更需要尊重的。不管孩子的创作好不好，在他心里那都是最好、最美的，因为那是他自己亲手创作出来的，凝聚着他的兴趣、热情和创造。孩子希望大家都来关注他的作品，欣赏和赞美他的作品。所以，"坏"父母们都会非常珍惜关注孩子的作品，并给予孩子表扬和鼓励，比如对于爱画画的孩子，父母甚至还可以在家长为孩子举办小型的"画展"，将孩子的作品摆放在家中显眼的地方，让孩子为每个参观者解释自己作品的内容……家长们请切记，有时候哪怕是一句再平凡不过的鼓励，孩子都会很在意、很开心，从而更加自信。

当孩子们骄傲地把他们的杰作展示给父母看后，该如何存放呢？当他们的作品，尤其是艺术作品日益增多的时候，"坏"父母们又都出了怎样有想法的"坏招"呢？其实这的确是个很实际的问题，在此，不妨来参考一下以下的几个建议：

第一，可以和孩子商量，只留下最棒的作品。与其让你的孩子保留他创作的每一件作品，不如与他好好谈谈，建立一个基本的保留作品的规则，让他每隔一段时间选择1—2件他最喜欢的作品保留下来。到了年底，他所保留的"最佳"作品就不会太多以至于造成存放的麻烦，这样不仅不会伤害到孩子希望保护自己作品的心愿，也有助于提高孩子对作品的鉴别能力，父母还可以定期为孩子的作品做一些展示和展览，让孩子更加为自己的优秀作品而骄傲。

第二，父母还可以采用拍照留念的方式，永久地为孩子把作品保存下来。整理和收藏一件件作品是一件繁琐的事情，与其让它们占用家中的太多空间，倒不如拍下它们，并且把这些照片统一收藏在剪贴簿中，给每张照片加些注解和记录。这样，即使有些作品由于空间的因素丢失或被抛弃，孩子也仍将拥有一份美好的回忆，并且可以随时拿出来观赏和回忆。

第三，一定要让孩子养成良好的收纳习惯，特别是对于自己的作品和创作工具。如果你的孩子在家里做了很多的艺术作品，那么他可能拥有许多蜡笔、水彩笔或其他的艺术创作材料，而这些工具就需要一个统一存放的地方，比如将它们都放在一个便携的盒子里，除此之外，在把这些材料放入盒子之前，也最好将它们归归类，并整理到不同的袋子中，这不仅使得每件工具都整齐有序，更重要的是让它们在被需要的时候可以很容易找到。

第四，父母们一定要在家中的墙壁上留出给予孩子的空间，将孩子们的好作品挂起来。父母们也可以为孩子的作品专门准备一块黑板或告示板，这样的话，孩子不但可以在自己的卧室里展示他心爱的作品，还可以时刻对自己的作品进行比较和观察，对孩子的进步也能起到非常重要的作用。

第五，孩子的创作其实可以当成最好的礼物。不知道父母们有没有观察到，在如今这个物质丰富的时代，真正的手工制品越来越珍贵，更何况是孩子们用心创作的作品呢？其实孩子的艺术作品是给亲朋好友们的最好礼物。与其为了你的孩子给你的家庭成员买礼物，不如鼓励他们把自己的作品作为一份特别的礼物送给那些特别的人，对孩子来说这将是最棒的认可和鼓励。

"坏"父母妙招

1. 在家中设置一个展示台，把孩子的作品都放到那里去，让孩子有展示自己作品的空间。

2. 在家中来客人时，"坏"父母会刻意地带客人去参观孩子的展览，并且要求孩子对自己得意的作品进行讲解和演示，这样孩子的创作热情便会大大提高。

逆反：越逆越反，越反越逆

当今社会，孩子越来越聪明，想法也越来越多，经常会听到一些父母这样抱怨："现在的孩子，生活条件越来越好，可是脾气却越来越犟，

总是不听话，跟你对着干，一点儿也不听话了。"其实，这就是我们通常所说的逆反心理和表现。所以父母们先要明确：所谓逆反心理，就是有意不听父母或老师的话，大人不让做的孩子偏要做，大人让他们做的他们又偏不做；明明知道是对的也不听，故意和大人对着干。

  孩子产生逆反心理的原因是多种多样的。首先，当成长到一定年龄后，孩子的独立意识日益增强，促使他们迫切希望摆脱父母的监护和管教，他们认为自己不再是小孩，并且讨厌父母这样看自己；其次，有的父母在教育孩子时，不尊重孩子的人格，随意地对孩子进行讽刺、挖苦、辱骂甚至殴打，伤害了孩子的自尊心，从而使孩子对父母产生对抗情绪；再次，有一些父母在教育孩子时，唯恐他们不听，就唠唠叨叨，爱摆长辈的架子，这样会使孩子厌烦；最后，还有的家长对孩子的期望值过高、要求过严，当孩子不能满足自己的愿望时，就大发雷霆，甚至打骂，这些都可能是引发儿童逆反心理的原因。

  每个孩子都有一个产生逆反心理比较明显的年龄阶段，所以父母们应该加以正确的引导，不要让这个特殊时期影响了孩子的健康成长，父母们更不要跟孩子真的较劲儿，因为逆反是不能对着来的，只会越逆越反，越反越逆。请看下面这个典型的例子：

  刚刚是个四岁的小男孩，外表文静，在小朋友面前也比较内向，可在家里，他却常常表现出惊人的逆反行为，甚至会打妈妈，而且还一不顺心就吃报纸。妈妈将这个问题说给了一位朋友听，她有着同样大孩子。她说："刚发现他吃报纸，全家人都很吃惊，反应很强烈，都争着说哎呀宝贝不能吃不能吃，可你越急，他越吃得欢，两年来家人都愁坏了！"这位朋友听了后，想了想说："其实，这也不要过于担忧，是孩子逆反心理的典型表现，也许看到家人急，孩子会觉得高兴和痛快。所以我建议你们，以后再看到他吃纸，尽量不要表现得大惊小怪，试着顺着他，就说，你吃吧，吃吧，你觉得好吃你就吃，要装出越无所谓越好，孩子看到父母这样的反应，没有达到他要吸引你们注意、惹你们着急的效果，再说报纸又不好吃，他也就不吃了。"回到家妈妈就试着用这种方式对待刚刚的逆反，果真很有效。朋友的"坏招"让刚刚妈受益匪浅，于是她明白了，对于孩子的逆反行为，相对的放任比严加管教更有意义。

那么，"坏"父母们究竟是如何应对儿童的逆反心理的呢？

第一，父母应该做到与孩子保持平等的关系，不要什么时候都把孩子真的当成是"小孩"。有些父母深受传统观念的影响，认为孩子理所当然地应该听父母的，一旦有了顶嘴的现象，就认为是孩子不懂事。但是这些家长忘了，孩子在一天天长大，他们已经开始有了自己的主意和想法，不会再像小时候一样简单地服从和遵守家长的命令，当他们认为自己是对的时候会坚持己见，当他们认为自己没有受到家长公平待遇的时候就会产生逆反的心理。因此，减少孩子的逆反情绪，父母先要把自己放在和孩子平等的地位上，像对待成人一样对待孩子。遇到事情时，应当多听听孩子的意见和想法，有可能的话，还可以和孩子一起探讨解决问题的办法，如果孩子说的确实有道理，家长应该积极地采纳，并对孩子做一番表扬，即使孩子的观点不正确，家长也不能完全否定孩子，而应当耐心地启发孩子，让他们明白为什么应当这样做、而不能那样做，孩子心里服气了，才会心平气和地听你的话，嘴也就不会那么硬了。

第二，对于孩子的逆反，父母要尽量采取冷静的处理方式，不要孩子急，父母比孩子更暴躁。孩子一般不太懂得控制自己，当对大人的管教不服气时，自然会情绪比较激动，这时父母们千万不要跟着孩子一起急，要想办法控制住孩子的情绪，因为孩子的气往往来得快去得也快，父母最好是等到孩子心平气和之后再来和他讲道理。孩子在心情较顺的时候，对于家长的批评才可能愿意听和听得进去，而孩子正在气头儿上的时候，即使家长说的全是真理，孩子也会故意反驳几句；特别是当孩子与家长顶嘴时，家长即使是再不满，也要保持冷静，也要控制住自己的情绪，不能一看到孩子顶嘴，就大发雷霆、火冒三丈，甚至比孩子更暴躁，这样做的话，不但无助于问题的解决，反而会使得双方的情绪更加对立，亲子关系将严重受到冲击。

第三，父母在教育孩子时应当尽量只把握重要的问题，有的放矢，给孩子定个大致的框架和原则即可，让孩子在不违反原则、不超越界限的基础上自由安排自己的活动，要给孩子选择的权力。家长绝对不要对孩子的每个细节都指手画脚，不要一切事情都由家长来决定，这样孩子会觉得自己的自主权被剥夺了，自己老是在受家长的控制，感觉委屈和憋闷，于是为了摆脱束缚争取自由，孩子就有可能选择与父母对着干，不管是对的还是错的，合理的还是不合理的，只要是来自父母的声音，只要是父母提出的要求，便都一概予以反对，形成一种惯性的逆反状态。为了使孩子的逆反状况有所改变，家长应当从改变自己做起，对于孩子的所作所为，家长先不要急于干涉，而是要先反问一下自己，"这对于孩子要紧不要紧？"如果是对于孩子的健康成长和发育并无大碍的事情，就最好不要干预，让孩子自己去管理和控制。在希望孩子做某件事的时候，也要尽量给孩子多些选择，让孩子在选择中自己拿主意、做决定，久而久之，孩子不但能锻炼出独立的个性，也终究会明白父母的良苦用心。

第四，父母千万要注意批评孩子要把握好分寸。许多父母都不讲方式、不分场合地批评孩子，比如孩子只是犯了一个小小的错误，就把他过去的种种不是全都翻出来，随意地贬低和挖苦孩子，这些是许多家长的通病，也最容易引起孩子的逆反。特别是当着外人的面，更不要批评孩子，否则孩子会觉得父母一点面子都不给自己留，使得自己在大庭广众之下丢尽了人，心中便会产生怨气和愤恨，导致父母的话在孩子听来都是令人厌烦的；不就事论事地批评孩子，孩子会觉得家长对自己不公平；贬低挖苦孩子和批判孩子的人格，都会使孩子的自尊心受到伤害，为了保护自己，孩子会不甘心认错，从而对家长产生逆反。所以，要想减少孩子的对立情绪，父母们一定不能滥用批判，批评孩子时要注意方式方法，不要把孩子说得一无是处，更不要贬低孩子的人格；批评孩子时要考虑到孩子的情绪，不要在孩子本来心情就很烦躁的时候还对他说三道四。

最后有一点很重要，好孩子都是夸出来的，对孩子要多些表扬、少些责怪，要经常想想孩子的长处，关注孩子的点滴进步，找寻孩子身上的闪光点，孩子平时受到的表扬和鼓励多了，犯错误时也会更容易接受父母的批评和建议。

"坏"父母妙招

1. 孩子的逆反，通常是因为有了自己的思想，但还不够成熟，父母可以尝试着顺着孩子的思想去给孩子分析利弊，不要对孩子的想法"一棍子打死"，而是要引导孩子对这些想法加以琢磨。

2. 父母要懂得控制孩子的情绪，当孩子的情绪不稳定，出现焦躁、暴躁等现象时，父母一定不要跟孩子顶着来，那样毫无效果，不妨试着带孩子去一个安静的地方，让孩子放声大喊几下，父母当个旁观者就够了。

第六章
不走寻常路,做个孩子眼中的另类家长

请永远记住,孩子不会喜欢一成不变、循规蹈矩的东西。只有不走寻常路的父母,才能时刻带给孩子充沛的活力。好奇是孩子的天性,"坏"父母们如果也能保持住这一天性,就可以与孩子共同成长。

"诱惑"的魔力

不知道父母们是否有过类似的经验：

妈妈对于浩浩的吃饭问题，真是伤透了脑筋。孩子从来不好好吃饭，还总跟大人捉迷藏，在家中，妈妈总是端着碗在身后追着浩浩，半天才能喂进去一口。做爸爸的便想出了新招儿，正巧，这天家里来了一只小猫跟着家人团团转。爸爸用小盆盛上饭，拌上鱼头、鱼尾，拿到小猫眼前，小猫见了低头就吃，不一会儿，就把盆儿舔得干干净净。"哟，你看，"爸爸对浩浩说，"小猫吃得多香呀，还眯眯笑呢！"经爸爸这么一诱惑，浩浩动心了，急急地说："我也吃，我也吃。"于是一碗饭很快就被浩浩吃完了，他还敲着碗边得意地说："看，我也吃光了。"

看了上述的事例，想必父母们也都能有所感悟，其实，人最难抗拒的就是"诱惑"，小孩子更是如此，"坏"父母们很早便意识到，诱惑是具有一定魔力的教育手段，其实做父母的，在拿孩子没办法的时候就不妨发挥一下自己的"小聪明"，诱惑一下孩子，从而达到教育孩子的目的，这并不是什么大不了或者不好的行为，毕竟连大人有时候都是这样的，最难抵抗"诱惑"，而对"强迫"，人们有着一股与生俱来的抗拒情绪。所以在教育中，想要孩子接受什么，就去诱惑他；想要他拒绝什么，就去强迫他，这才是正确的路数，也是非常有效的一招儿。凡达不到目的，做得事与愿违的父母，就一定是把方法用反了。

让我们以学习为例，为什么很多孩子不喜欢学习？因为家长和学校的"强制性"教育使学习变得枯燥无味,毫无诱惑性可言了。孩子的学习愿望是否强烈,与学习在他们心中的"形象"有很大的关系:如果在他们心目中,学习是充满诱惑性的、是非常令人期待的,不用家长提醒,他们也会怀着极大的热情去学习。其实,孩子毕竟是孩子,他们的好奇心是极强的,在好奇心的影响下,他们常常会产生这样一种心理:家长越是强迫他们去做一件事,他们就会觉得这件事很乏味;家长越是不允许他们去做的事情,他们反而会觉得很有趣,总想偷偷摸摸地去做。用最通俗的一句话来描述,孩子的这种心理就是:哪件事情能吊起他们的胃口,让他们觉得充满未知的魅力,他们就会充满热情地、想方设法地去做这件事。这也就是说,如果家长能够让学习充满"诱惑性",能够成功吊起孩子学习的胃口,那孩子对待学习也会热衷地投入了。

以下是一位家长在"诱惑"孩子学习上的成功经验:

从孩子刚上学起,我就坚持这样一个教育原则:不强迫孩子去写作业,而是把作业变得充满诱惑性,引导她主动去写。例如,如果她不认真对待学习,我就故意剥夺她学习的权利,让她认为学习并不是一件想做就能做的事情,而也是需要资格的,以增强学习在她心目中的神圣感。一次,她把作业写得歪歪扭扭,我建议重写一遍,但却遭到了她的拒绝。面对女儿的不合作行为,我还是和颜悦色地对她说:"既然你觉得写作业不是一件好事情,那从今天开始,你再也不用写作业了。"果然,女儿一下子就不知所措了,傻傻地看着我,我一边收拾她的书本,一边说:"写作业本是一件好事情,它可以使你掌握的知识更加牢固,但你却总是用应付的态度对待它,所以,从现在开始,我要剥夺你写作业的权利,你不能再写作业了。"看我不像是在开玩笑,她一下慌了,下意识地去夺自己的作业本说:"我要写作业,我要好好写作业!"我

145

故意抬高作业本，不让她够到，并说："对待学习那样不认真，我已经剥夺你写作业的权利了，别写了！"女儿急得快要哭起来了，我只得与她"谈判"，当她答应以后一定要认真对待作业时，我才把写作业的权利还给她。自此以后，她好像明白了写作业也是一件值得珍惜的事情。

其实，"坏"父母们都应该有所体会，孩子天生并不是反感学习的，相反，学习在他们心目中还有一种莫名的神圣感。正如一般刚刚上小学一年级的孩子就会感到比上幼儿园时更有荣誉感，能够拥有正式的学习机会，在孩子们看来，其实也是一件值得骄傲的事情。就拿写作业来说，孩子们的确不喜欢写作业，还总是用应付的态度来对待写作业，其实在他们的内心里，是了解不写作业会有什么样的后果的：如被老师批评、新学的那些知识掌握不了、考试不及格、落后于他人……所以如果父母真的剥夺了他们写作业的权利，他们会表现出焦急的情绪。父母的这种做法反而会使孩子更加珍惜写作业的机会。不管是对待作业还是其他学习任务，小孩子总会出现态度不端正、应付了事的现象，这些都是很正常的，但这时，聪明的"坏"父母们就会不妨用"剥夺他们权利"的方式来教育他们，这实际上就是吊起他们学习胃口的一种好方法，而且还会收到立竿见影的效果。

除了学习，在生活中的很多方面父母也同样可以利用"诱惑"的方法来启发和教育孩子，让我们再拿阅读为例，先看看下面这位家长的经验之谈：

为了让孩子喜欢上读长篇小说，我采用了诱惑的方法。我先自己去买了金庸的《倚天屠龙记》。以前孩子从没读过金庸的小说，只看过一些金庸小说改编的电视剧。于是我知道，孩子从电视剧中已经能猜测到小说也是会很有魅力的。但我并没有对女儿说这是为了让她读才买的，我就像平时拿回任何一本给自己看的小说一样，干完活就自己去读了。

那本书确实是比较好看，有很多悬念，我特意在每天读完了一些章节以后，顺口赞叹一句说这本书真好看，然后有意无意地把一些情节讲给女儿听，讲到引人入胜时就说我才刚刚读到这里，后面还不知道呢，等读完了再给她讲。女儿每次都显得很有兴趣，我就像个说评书的艺人一样，总用"且听下回分解"来诱惑她。果然这样几次，女儿开始心里痒痒了，看她很着急，我就假意顺水推舟地跟她说，要么你自己看去吧，妈妈没时间一下子看那么多。女儿最开始还是很顾虑她能不能读得了小说，毕竟她的年纪还很小，认的字也并不是很多，于是我就鼓励她试一试，有不认识的字没关系，把大概意思看懂就行，哪些字影响理解，就问妈妈。她听妈妈这样说，就开始试着读起来。

阅读是个并不难进入的过程，重要的是让孩子无所顾忌地拿起一本书，还带着好奇心和兴趣去开始读了，这就是成功的一半。等她读得超过我读的部分，我就经常假装没时间看，又表现出急于知道某个人后来怎样了，让她把看到的情节讲给我听，并和她一起聊这里面有趣的人和事。我这样的做法让女儿越读越有兴趣了，等到读完了这部书，她也开始对自己的阅读能力有了信心。这以后，她越读越多，越读越快，阅读兴趣和能力很快呈现出良好稳定的状态。不但一口气读完了金庸全部的武侠小说，还从此发现了读长篇小说的乐趣，再往后就开始读一些世界名著，读长篇小说在她看来也成了一件非常简单和有趣味的事了。

在教育中，父母们应该知道，每个孩子的状况是不一样的，所以应该在哪些方面、采取怎样的诱惑手段去达到教育目的，"坏"父母们懂得根据各自的情况而定，但原则却只有一个，那就是想要孩子接受什么，尽管去"诱惑"他们就好了，在这个过程中你会发现孩子天真的可爱之处，更能成功达到教育的目的。

"坏"父母妙招

1. 父母如果想让孩子喜欢上某件东西或某件事情，那么就要先自己对这件东西或事情表现出极大的热情，并且不断告诉孩子其中的乐趣所在。

2. 孩子也是很怕失去的，当某件东西或某件事情在他们来说已经习以为常的时候，他们会不懂得珍惜，而一旦失去了，他们也会觉得束手无策，感到非常难过，所以"坏"父母们"诱惑"孩子，也等于是在教会孩子懂得珍惜。

妈妈的"谎言"

在我们的生活中，"谎言"这个词往往象征着邪恶和不正确，任何人都似乎不喜欢被欺骗，对谎言深恶痛绝。说谎，更是一种在教育孩子时首先要提到的绝对不可行的行为，诚实守信向来都是父母和老师教育孩子的第一准则。

但其实，在生活中，必要的、善意的谎言，则恰恰是"坏"父母们教育上的"法宝"和"武器"。

让我们来听听下面这个令人感动的故事：

曾经有一个不幸的孩子，他的名字叫戈尔，戈尔并没有什么特别与众不同之处，只是在他瘦小的右手上长出了一只多余的第六根手指，因为这个，戈尔成为了同学们所嘲笑的目标，所有人都视他为"怪物"，为此，他很害怕上学，并且变得越来越自卑。所有这些，戈尔的爸爸都看在了眼里，却也急在了心里，最后爸爸终于想出了一个绝妙的办法，他决定为了孩子的健康成长而撒一个谎，自己做出巨大的牺牲。于是有一天，爸爸把自己右手的大拇指压在手心，来到戈尔面前，并对他说，乖孩子，你看，爸爸右手的大拇指是一个大懒虫，自从戈尔出生后就一直在睡觉，到现在还不肯起来，所以爸爸觉得，戈尔多出来的那根手指就是为爸爸所长的，爸爸要感谢戈尔。天真的戈尔听了以后开心地笑了，他为自己能够帮助爸爸而感到十分自豪。其他小朋友听了戈尔的这番话，也都纷纷为戈尔小小年纪就能够帮助大人而对他佩服万分。从那以后，戈尔恢复了自信，一天天开朗了起来。可是爸爸为了保守这个秘密，把大拇指压在手心整整36年，直到爸爸去世之时，右手都没有伸展开来。

在上述的故事中，聪明、敏感的"坏"爸爸对孩子撒了谎，却用谎言和自我的牺牲换来了孩子的自信与健康成长，用一个善意的谎言拯救了孩子的自尊。虽然成年人的谎言蒙骗了孩子们，自己也付出了许多，但却让孩子得到了快乐完整的一生，这样的谎言，是积极和充满爱意的。

当然，我们的生活中并不是所有的谎言都这么美丽和高尚，特别是在教育孩子时，一些小的善意的谎言也可以帮助父母们在不伤害孩子的感情的前提下解决一些实际的困难和难题。

如今，越来越多的教育专家们也开始相信，来自父母的善意的谎言，是有着积极且良好的作用的，他们认为，在大多数情况下，诚实是最好的选择，不必撒谎；但不是所有情况都是如此，偶尔的善意的谎言也是需要的，并且不会对孩子造成任何永久性的伤害。

一些善意的谎言对孩子是可以起到积极的作用的，让我们来看看一位幼儿园老师的自述：

在幼儿园的工作中，老师和家长的沟通和交流是非常重要的，所以我经常借助家长接送孩子的时间与他们进行沟通交流，让家长了解孩子在幼儿园的情况的同时也了解一下孩子在家里的表现情况，但是最近，我在与家长的交流中总听到有的父母反映，孩子在幼儿园与在家的表现特别不一样，比如在幼儿园很听老师的话，孩子能够自己的事情自己做，生活作息也有规律，可是一回到家里就耍起脾气来，有的吃饭挑食，有的一点小事就哭闹，还有的看动画片时间很长，父母怎么劝都不睡觉……为了缓解这种情况，有一天我想出了一个主意，我告诉小朋友们：老师有一件法宝——神奇的望远镜，这个望远镜能看到小朋友们在家里的表现。这时有的小朋友马上说："老师吹牛，我才不相信呢。"为了证明我的法宝灵不灵，我就对几个平时跟父母交谈得较多，对他们比较了解的孩子说："我知道牛牛小朋友每天晚上都在那儿坚持练钢琴，我用我的望远镜看见的，牛牛真是太棒了！牛牛你告诉大家，我说的对不对？"这时牛牛惊奇地连忙点头，对我投来信任的目光。我见有了效果，便又对一个在家中不听话的孩子说："金金，昨晚你吃饭又挑食了对不对？我还看到妈妈都不高兴了，老师不是说过不挑食的孩子身体才会棒吗？老师相信你在家里也一样会做得很好，对吗？"那个叫金金的孩子听了赶紧使劲儿地点了点头。我还对他们说，老师每天都会用这个法宝看小朋友们的表现，有进步的小朋友老师会表扬和奖励他的。果然，第二天家长都纷纷向我反映，我关于神奇望远镜的谎言见效了，小朋友们在家中也都表现得很好，好多小朋友还一直问我："老师，你看到我在家里帮妈妈干活了吗？""老师，你看到我不挑食自己吃饭了吗？""老师你看到我在家里看书了吗？"……

所以，生活中有许多地方都需要父母们用善意的谎言来帮助孩子和教育孩子，但善意的谎言也要用得适当和适度。在某些时候，特别是告诉年龄比较小的孩子事实真相，也许弊大于利，这时就需要善意的谎言。比如亲人或孩子的宠物病逝后，如果知道亲人或者宠物将被埋在冰冷的地下甚至火化，恐怕他们会难以接受。但如果是面对年龄稍大，已经对死亡有一定概念的孩子的时候，就最好不要撒一些幼稚的谎言，这样孩子不但不会相信，还会对父母的信任打折扣。

不仅如此，在生活中父母有时候也需要教孩子撒些小谎，因为特殊情况下，这种谎言是一种得体的社交行为、礼貌的表现。比如，孩子在做客时，收到不喜欢的礼物或吃到难吃的饭菜，父母要鼓励孩子说："我喜欢这个礼物，谢谢！""好吃！"等等。专家指出，关键是看撒什么谎，父母也有必要让孩子懂得谎言也有善意的，让孩子能够运用一些简单的谎言来养成站在别人的角度想问题的习惯，但记住，这样的次数不要太多，谎言也千万不要太大；否则，一方面会使父母失去孩子的信任，另一方面容易导致孩子养成撒谎的习惯。

"坏"父母妙招

1. 谎言不是万能的，"坏"父母们千万要记住不要认为善意的谎言就可以随时说，谎言说得太多，终究会起到相反的作用，更会影响孩子正常的判断，所以一定要适度。

2. 父母们应该掌握一条原则，那就是善意的谎言最有意义的作用是用于平抚孩子的感情，以使某件事对孩子的伤害降到最低程度为前提。

善于引导孩子淘气的冲动

淘气的孩子总是让父母们分外头疼，他们调皮任性，整天和父母对着干，还好像很胆大，随时都会做出一些新鲜的淘气行为。

"你真是气死我了！"小思的妈妈走进孩子的房间差点儿以为走错了地方。原来好好的房间，居然让小思在地板上和墙上都涂满了面霜。对于妈妈的气愤，小思还一脸不解的样子辩解道："我在制造一个冬天的景色。这样不好吗？"显然，这种调皮捣蛋的行为违反了妈妈"不能在室内乱画"的家规，又浪费了妈妈的面霜。但是，我们没有理由不认为：这个小家伙确有些与众不同的"大胆设想"。

没有一个孩子是不淘气的，聪明的"坏"父母不会一味地把孩子的淘气作为绝对的缺点，孩子的顽皮之中往往蕴含着创造，是孩子智慧的表达方式。每一位父母都需要正确地对待孩子的顽皮行为，善于引导孩子"恶"的冲动。

常言道："淘气的男孩是好的，淘气的女孩是巧的。"现在的父母们对过分听话的孩子往往都能认识到是缺乏独立性的表现，千万不要认为孩子聪明就是学习成绩好、听话守纪律，而忽略了对孩子的创造力及其潜能的开发与培养。淘气的孩子往往比较聪明，有个人主见，并且意志比较坚强，做父母的只要善于引导，顽皮的孩子便有可能最终成为一个极具创造力的人。

那么，父母该如何正确引导孩子淘气的冲动和表现呢？"坏"父母们对此提出了一些建议：

首先，"坏"父母们懂得让孩子在想象中发挥创造力。比如，孩子小时候喜欢乱涂乱画，或者喜欢发挥想象，将自己所向往的事栩栩如生地描述出来，这就是想象与创造力的萌芽。做家长的要容许孩子能够天花乱坠地畅想，和孩子谈谈，分享他的内心世界，也是很奇妙、很好玩的事儿。特别是对于爱涂鸦的孩子，父母们最好不要禁止，不要对孩子的涂鸦做不必要的批评，比如说些"这画的这是什么？一点儿都不像"等。并且还要有意识地训练孩子创作，请他把自己心目中的树、屋、花、草画出来，不必规定画出如实物般的样子。

其次，父母们还应该让孩子能充分思考。"坏"父母们都知道，脑筋不去活动、不去思考，就会"生锈"。所以绝对不能让孩子的脑袋没有动的机会，要培养孩子有思考力，就要让他们多想。能独立思考，才能自己处理事情，判断是非。因此，不必抱怨孩子犯错误，因为孩子可以在犯错儿的过程中思考及学习，锻炼和提高思考能力。

再次，"坏"父母还有个标志性的特征，就是"鼓励"孩子犯错误。他们认为让孩子在错误中成长对他们的成长也是大有好处的。家长不要介意自己的孩子常常犯错误，让自己生气。更不要埋怨孩子顽皮，浪费自己的时间。其实，孩子如果能因为淘气而多碰钉子，多尝试，也就有了更多的学习机会。正所谓经一事，长一智，条件是家长必须做出辅导，让孩子在碰钉子后得到启发，这个钉子就碰得有价值了。而且，由错误到正确，是一个很宝贵的过程。给予孩子改过的机会。接纳孩子已犯的错误，注重事后的辅导，是十分重要的。给予孩子改正的机会，才能从改正的过程中领悟出道理；否则，孩子会认为反正家长不再给自己机会了，也不再对自己存希望，还用改正过错吗？那样的话，进步的效果也就达不到了。如果对孩子太宽松，孩子就不觉得自己有错，那也

153

达不到反省的效果。所以，给予孩子正确解释，让他们知道犯错误的原因何在，请孩子想想避免或改正的方法。

最后，"坏"父母会刻意地去注意培养和发展孩子的智能。想想我们的生活中是否常出现这样的情景：一辆漂亮的玩具车到了小孩子的手中，不到半小时，可能变成一堆支离破碎的小零件。这时，父母们千万不要大动肝火，教训孩子。其实，孩子因受好奇心的驱使，希望知道玩具的"真相"罢了。对于孩子这种"破坏"行为，家长只要适当指导便可以了。比如家长可以从旁协助孩子在破坏后重新组合玩具，使他在了解内部构造后，也增进了智能的发展。培养和发展孩子的智能还有以下几条途径：从美术、手工中启发智能；从运动中训练和启发孩子的智能。如鼓励孩子们去剪纸、绘画，或者从小培养孩子爱运动的习惯等。

还有比较重要的一点是，父母们要鼓励孩子多问一些"为什么"。有些家长往往为了节省自己的时间及懒得动脑筋，就禁止孩子发问，或敷衍了事。有些家长怕孩子发生危险，怕打破家中东西，对"多手多脚"的孩子，家长最喜欢实施"百不政策"，这不许玩，那不许动。其实，孩子对事物所表现的好奇心，正是日后在学习及工作上成功的基础。如果他的好奇心一直遭受到阻碍与挫折，不仅使他们觉得烦躁、乏味，还会令其基本学习动机泯灭，使他对自己产生怀疑，妨碍自信心的建立。

"坏"父母妙招

1. 给孩子买一些不同种类的玩具，培养孩子对每一种玩具的兴趣就是培养孩子对各个领域的认知，这样，就有助于父母们发现孩子的特长和喜好，以便之后重点培养。

2. 孩子问"为什么",这说明孩子在思考,有时候孩子也并不是一定要父母给予回答,甚至还会怀疑父母的答案是否正确,所以,作为父母,应判断出孩子的哪些为什么是必须要回答的,这一点非常重要,如果是父母也拿不准的情况,就要学习了以后再回答孩子,不要给孩子模棱两可的回答。

与孩子签协议是个好方法

说到签协议,似乎不是应该发生在家里的事情,可是随着现在孩子们越来越接受这种方式,许多思想前卫的父母们也开始在家中与孩子签协议。

郑先生家有这样一份协议,签订协议的双方是父母和孩子。协议上,甲方是40岁左右的父母,乙方则是他们11岁的儿子小寒。这份协议只有一张纸,但显得很正规。题头、内容、落款位置都很规范,规定的内容也很具体,并且在落款签名位置,家长和儿子还都加摁了红指印。协议约定,甲方中的父亲要做到每天做家务3次以上;三年级上半学期期中考试之前负责接送孩子;一家人每周吃4次肉、3次鱼,没做到要扣1分。乙方(儿子)积满10分可以玩电脑,一次35分钟。哭一次扣1分,每周看课外书不能少于5次,每次积0.2分,多看多加,少了要扣0.2分。倒垃圾加1分,买菜加2分。放假期间每天坚持锻炼,一次加0.1分,不锻炼扣0.5分。

郑先生说,协议的内容是郑先生和儿子共同拟定的,整份协议由儿子动手书写。协议是去年7月订的。他儿子喜欢上网,以前他规定儿子

155

只能在周末才有1小时的上网时间。儿子对他说,自己每天都在盼着周末快点到,平时上课也都在想着周末上网玩什么,注意力不集中。因此他便想到了和儿子签订一份协议,让儿子懂得守约。如今这份协议已实行1年多了,对于协议约定的内容,郑先生夫妻俩和儿子都严格遵守。郑先生说,自签订协议以来,儿子变得爱帮父母做事情了,学习也自觉了,上网时也能自我约束,时间一到就关机。郑先生的不少朋友看到这份协议后,也纷纷回家和孩子签订了类似的协议。

看了上面的例子,相信许多父母都意识到了与孩子签协议这一方法的妙处。少成若天性,习惯如自然。要想让孩子养成良好的习惯,现在许多"坏"父母们都学会了与孩子签协议,这样做的好处在于不仅仅是约束了孩子,同样也是约束了父母。家长每天都很忙,自己也会有一些问题要解决,所以如果事先和孩子有协议,双方之间的问题大部分会自动解决,剩下的一小半一般也都会迎刃而解。鼓励孩子和父母不断签订新的协议,从一点一滴做起,在共同成长中,养成更多良好的习惯,这样也可以从一个侧面让孩子接受到更自由、更民主的家庭教育。

与孩子签协议,除了可以用在良好的习惯的养成方面,还可以用在诸如压岁钱的使用上等。孩子过年有一大笔收入,这么多钱,孩子如何花呢?有的父母是让孩子自己爱怎么花就怎么花,他们认为这钱属于孩子自己的私有财产,但却忽视了孩子还没有正确使用金钱的能力。但也有父母对孩子的压岁钱管得太严,这些钱仅从孩子手上过一下,就被全数没收,令孩子极为不满。究竟如何让孩子管好用好自己的压岁钱,成为让一些父母甚感棘手的事。在压岁钱的使用这一事情上,许多父母采取了与孩子定下"君子协议",共同商量使用的方式。

一个男孩说,他得到了1900元压岁钱,父母并没有像过去那样没收或严管，而是和他定下了双方都认可的"协议"，即自己两个学期的学费由压岁钱中支付，再花400元购买一套自己一直想买的《名人传记》，剩下几百元储存起来以备临时使用。

另一个孩子得到压岁钱近6000元，他觉得每年自己都得到不少压岁钱，而且都稀里糊涂地花掉了。今年和父母签了协议，除去买一些自己喜欢的书籍外，剩下的钱全部到银行进行"零存整取"，预备将来念大学、读研究生及出国留学时使用。等到那时，几万元钱的存款完全可以自己供自己读书了，也是一笔不小的数目了。

从上面的例子不难看出，父母们这样的"坏招"既培养了孩子的计划性和储蓄习惯，又能实实在在地让孩子不乱花钱，可谓一举多得。对于和孩子签协议这一问题，许多"坏"父母们都发表了积极的看法，并且认为有着诸多优点，比如有些"坏"父母们认为这种"家庭教育协议"，有益于敦促父母们在为人处世时先做到品行端正，有助于营造和谐民主的家庭氛围；这种形式的出现，体现了时代精神，还符合精神文明建设的需要，可以称为21世纪的"新家规"。还有些"坏"父母们认为，"家庭教育协议"也表明了我国教育思维的突破。学校和家庭都是学生的课堂，家庭虽然不能像学校那样给孩子们定下规章制度，以便严格执行，但老师与家长应该对孩子共同指点、教导，相辅相成，取长补短。而这种"家庭教育协议"起到了一种联接作用，让孩子在家中也得到一定程度的、自发自愿的约束，并从中也能获取自身应有的利益。还有一些父母认为，自己根本不知道孩子的真正需求，而签协议可以让孩子把父母应该做的、能够做的表达出来，写进"家庭教育协议"，形成书面"家规"，以契约的形式对父母的行为加以约束，这让做父母的也有章可循，对双方都非常有益。

其实，与孩子签订协议还有一个更为重要的意义，那就是在开放民主的环境中长大的孩子，心胸开阔，能站在不同的角度看待问题，具备同情心和爱心，善于与人交往，愿意与人同甘共苦，愿意把自己的成果与人分享。

"坏"父母妙招

1. "坏"父母要掌握好什么样的问题可以采取跟孩子签协议的方式来解决，不能所有问题都以此法执行，如怎样管理压岁钱、学习和娱乐的时间比例安排等需要对孩子有所制约的方面，就非常适合这种方式的。

2. 父母们需要注意和孩子签的协议中的内容一定要中立，不能有所偏颇，不要让孩子觉得"家长只是在用一种新方式管我，换汤不换药"，而应该给予孩子更多的空间。

孩子说"不"，我说"好"

父母们通常都喜欢听话的孩子，听话的孩子往往能少给父母找麻烦，对父母的意见一般也不会反对。由于家长和老师都喜欢孩子听话，所以勇于说出自己不同的意见的孩子通常会被归为不听话的行列，甚至有时不受欢迎。其实，过多地要求孩子听话，会妨碍儿童的智力发展。在这一点上，"坏"父母们却有着不同的想法，他们知道，适当的欣赏和鼓励勇于说"不"的孩子，是非常有助于培养孩子独立思考能力和应变能力的。其实，父母们不用担心，允许孩子说"不"，这并不意味着你总是要做孩子所希望的事情。即使孩子可以说"不"，也不意味着他们总是能够随心所欲。其实，父母愿意去倾听孩子的感觉和要求，这本身就可以让孩子与父母更加合作。更重要的是，这使得孩子无需压抑真实的自我就能与父母合作，还更加有助于父母对自己的孩子加深了解。

通常，我们不希望孩子说"不"，这其实是在变相地让孩子压制自己的要求和感觉，并屈服于父母的愿望。这种习惯性的屈服会导致孩子意志力的削弱，没有坚强的意志，孩子就很容易受到社会上的负面因素或那些不受父母管束的同龄人的影响。如果一个人没有强烈的自我意识，他就很容易成为别人控制和欺凌的对象，他甚至会被建立于控制关系上的处境所吸引，因为他觉得自己不值得尊重，并且害怕坚持自己的意愿，不信任自己的想法。没有坚强的意志，孩子就很难坚持自己的信仰，很容易被同龄人施加给他的压力所左右。这些后果都是很可怕的，所以，父母们要培养的是合作的孩子，而不是顺从的孩子。要允许孩子大胆地表达自己的意愿，该说"不"的时候就要说出来，对孩子来说，盲目地遵从父母的意愿是非常不健康的。

允许孩子有一定的抵触情绪，这不仅有助于孩子形成自我意识，在一定程度上还会使他们更加合作。顺从的孩子只会服从命令，不会思考、不会感觉，也不会积极参与。只有合作的孩子才会积极主动地全身心地投入到每一次互动中，从而健康、茁壮地成长。当孩子被允许反抗时，实际上也给了父母更多控制权。每经历一次对父母抵制之后放弃自己的意愿而遵从父母的意愿的过程，孩子就能体验到并真正地感觉到爸爸和妈妈才是主导者。于是在这种意识的影响下，孩子还具有了模仿父母行为、配合父母的强烈意愿，同时让孩子可以自由地发现真实的自我，犯错误之后可以自我纠正，可以感觉并释放消极情绪，可以要求更多，并尽可能调整自己的需要，可以表达不同想法以得到更多。允许孩子说"不"或允许孩子反抗父母的权威，实际上是在变相地让孩子始终明白，他们是在父母的管束之中的，只是这种管束更具有权威感和信任度，而不是逼迫孩子一味地盲从。

允许孩子说"不"，其实，在生活中表现得最多、最普遍的便是孩子的"顶嘴"现象，生活中少不了孩子的"顶嘴"，虽然这可能令不少父母甚感头疼，但请试想，如果我们的父母每天面对的都是不会"顶嘴"或不愿"顶嘴"的孩子，那样的生活难道就真的和谐？真的利于孩子身心发展吗？所以，孩子"顶嘴"，敢于说"不"，是逐渐长大，拥有自我表达意识的一种表现。孩子的"顶嘴"大多是直觉的、情绪化的产物，但一般到了十几岁，孩子的一些反对意见就可能是理智的，是经过思考的，是有理由说明和有道理解释的。不管是哪种情况，作为父母，都应该心平气和地面对这一问题，理智地善待孩子的"顶嘴"。

父母在面对孩子说"不"或"顶嘴"时应该怎样做？

孩子今年6岁了，有一次做作业，她的字迹非常潦草，我发现后让她重写，并苦口婆心地教导她说："写字潦草说明学习不认真，写字是学习的基础，如果基础不打好，就和盖楼一样，会盖成歪楼的。"孩子听了却不以为然，反而顶了一句："歪楼有什么不好？"面对这种情况，我知道我应该继续心平气和地和女儿沟通，探知她的想法，所以我没有发火，而是冷静下来，表现出很感兴趣的样子问道："歪楼怎么会好呢？"孩子并没有意识到她其实是在和我"顶嘴"，而是很自信地答道："歪楼也可以很棒呀，例如比萨斜塔。"听罢我哈哈大笑，竖起拇指赞叹道："闺女，你果真有了自己的主见了。"孩子很高兴，我进而引导她弄清比萨斜塔的美和学习要打好基础的区别，孩子听得很认真，并主动重写了作业。

通过上面的例子，我们不难总结出，能欣赏说"不"的孩子，对不少父母们来说还是需要掌握一定的规则的，对此，"坏"父母们提出了自己的建议。

首先，便是父母要做到冷静地对待孩子的不同意见或无意识的"顶嘴"现象。父母们对孩子总是存在着一种天然的"私有"心理，因而多数父母都具有很强的"塑造"欲和"支配"欲，他们往往只关注自己管教孩子的动机，一味地把大人的某些意志强加给孩子，而从不考虑孩子的承受能力。一旦孩子说"不"，他们便火冒三丈。这种做法其实是父母们自己在给自己上紧箍咒，而冷静正是解决这一问题的法宝。请父母们记住，不管孩子反应如何强烈，不管孩子的"顶嘴"多么没有道理，"坏"父母们都劝大家应首先冷静下来。也许这样我们会从孩子接下来的话中得到意想不到的收获，也只有这样，父母才能与孩子进行真正的沟通。

其次，面对孩子坚决地说"不"，"坏"父母们大多可以先采取缓冲的方法。即使孩子还小，也可以先彼此冷静一下。父母冷静后，还要善于从孩子的话中找到突破口，为孩子的过激情绪铺出一条缓冲之路，即可以给孩子一个台阶下。用一个小的动作，或是用一句温存的话语，用一种慈爱的眼神去抚平孩子过激的情绪。其实，在为孩子铺设"缓冲之路"的同时，自己也已经走上了缓冲之路。此外，也是比较重要的一条，那就是父母一定要学会倾听孩子为什么说"不"，尽量去弄清孩子的真实想法究竟是什么。在孩子"顶嘴"后，最成功的"坏"父母们懂得，一定要有倾听孩子"顶嘴"的理由和道理的耐心，这样才不会产生不必要的误会，因为很多时候，孩子们的想法有时如天马行空，也许用成年人的思维总是对孩子的某些话产生误解，从而自己惹来一肚子气，其实孩子根本不是那样想的，只有先弄清楚孩子的意思，才能达到良好的教育。

最后，"坏"父母们也不能忘了为人父母的责任，作为父母，我们最应该尽的一项义务便是正确地引导孩子的思维，在孩子把要说的话都说出来后，父母要不失时机地进行引导，要针对当时孩子的心理选取最恰当的谈话方式，特别是当孩子的不同意见是错误的时候，这种引导更是重要的，因为只有正确的引导，才能使孩子真正明白其中的道理，才能使他明白自己的意见为什么不能被采纳。

总之，"坏"父母们有着非常大的宽容度和接受能力，他们始终相信，作为父母，我们切不要一下子便制止了孩子的"顶嘴"，或是说"不"的权利，反而要鼓励孩子对我们说"不"。孩子说"不"，我们要先说"好"，再从孩子的想法中抽丝剥茧，对孩子正确的观点予以肯定和支持，引导孩子纠正那些错误的想法，把握好教育的时机。

"坏"父母妙招

1. 其实孩子懂得说"不"，是在对父母表达自己的意愿，父母首先应该倾听孩子的心声，理解孩子。

2. "坏"父母还应鼓励孩子对各种事物说出两种以上的看法和想法，这样有助于培养孩子的发散思维的能力，不让孩子学"死知识"，为今后的活学活用奠定基础。

和孩子一起 "追星"

如何看待孩子"追星",或许是当今许多父母们都感到头疼的问题。之所以说家长头疼,是因为的确有相当多的家长都对孩子的"追星"感到不可理解,同时非常担心"追星"会影响孩子的学习。于是,有的父母不许孩子追星,甚至撕碎孩子保存的明星照,或收缴孩子买的唱片。这样一来,家长和孩子的冲突不断升级。

对于追星这个问题,首先,父母们还是需要懂一点孩子追星的心理,相信许多的"坏"父母们在自己年轻时代也都有过追星的经历,只要回想一下自己那时的疯狂程度,就能理解孩子们的心理了。心理学上把成长中的孩子这种对名人的极度崇拜的心理称为"英雄崇拜"心理,这是青春期的一种特有的心理现象。少男少女之所以比较容易产生这种狂热崇拜,这是他们青春期矛盾心理的反应:一方面觉得自己是大人了,不但要求行动自主,而且希望精神独立;另一方面,他们又渴望自己的思想感情有所寄托和依附,于是便把目光投向影星、歌星、球星们,并在思想上、行动上,甚至言谈举止、衣着打扮上都情不自禁地受自己偶像的感染和影响。总而言之,这种崇拜心理是很正常的,父母们应该为子女会出现追星的现象而意识到他们的成长。

那么,"坏"父母们究竟应该如何正确看待并正确引导孩子"追星"呢?

第一,"坏"父母们一定懂得应该正确看待孩子"追星"。大多数孩子的"追星"其实仅限于收藏几张喜欢的"星"照,并把照片贴在床头，听该"星"演唱的歌曲，或偶尔花钱买票听该"星"的演唱会，搜集该"星"的一些生活资料……如果孩子的追星能够被控制在这一正常的范围内，父母们就不应横加干涉，因为孩子紧张学习之余，听听流行歌曲，可以让生活丰富多彩，是有利于健康成长的。

第二，聪明的"坏"父母，是会跟孩子一起去"追星"的父母。喜欢娱乐是孩子的天性，孩子"追星"实际上是一种理想中的天真，也是一种激情中的盲目。父母发现孩子追星，不妨自己也同孩子一起追星。父母只有了解了孩子追的"星"，才可以和孩子谈"星"，父母对"星"发表的客观评论，对孩子的人生观与价值观的形成将产生潜移默化的影响。如果只是简单采取扔掉明星的CD、撕掉明星的相片等办法，不仅达不到让孩子放弃追星念头的目的，还会激起孩子的逆反心理，甚至有可能会酿成悲剧。

第三，也是父母们尤为应该注意的一点，便是防止孩子不健康的"追星"。孩子处于青春期，心理不成熟，阅历也浅，其实感情很容易冲动，甚至做出一些不冷静的事来。比如有的女孩过于迷恋某男星，如果有某男星结婚的消息，立刻觉得好像失恋了一样，甚至不能接受这种失落，会长时间闷闷不乐，精神沮丧；有的少女甚至发誓非某"星"不嫁。如果父母发现孩子不像是在说着玩儿，而是认真的，孩子"追星"如果追到了这种如醉如痴、神魂颠倒的地步，那就有问题了，并且肯定会影响学业、影响身心健康发展。这就需要引起家长的重视，在这时，"坏"父母们也不会再慈眉善目，而是应及时加以正确引导。告诉孩子其实"明星"跟正常人没什么两样，许多"明星"的"外在美"都是包装出来的，媒介的吹捧也是一种广告行为。父母可以跟孩子讲明这些道理，说明听歌和看影视节目，只是生活的一小部分，更多的时间应该用于学习和工作，每个人的道路和对社会的贡献不同，孩子应该去追求自己的理想，实现属于自己的远大抱负。

第四，"坏"父母们还有一个"坏招"，那就是尽量影响孩子，让他们崇拜多方面的明星。明星并不仅仅限于娱乐行业，其实在各行各业都有着明星，父母要有更多的时间和精力带孩子去亲近历史、亲近劳动、亲近英雄，让更多的科学之"星"、文化之"星"、英雄之"星"、劳动之"星"在孩子心里一起闪耀。即使孩子仍然去崇拜明星，也会明白那些娱乐明星们也只是在自己的行业中引人关注的普通人罢了，有了这种理解，追星就不会有太大的危害。

第五，父母应该尽量引导孩子把对明星的崇拜转化为一种激励自己上进的动力。"追星"实际上是一种对榜样的认同和学习，青少年往往把崇拜的明星当成他们人生发展的楷模、参照系以及心灵寄托，父母为孩子提供的榜样应该是富有责任感和奉献精神、有创造价值的楷模，而不仅仅是外表靓丽、风度潇洒、收入丰厚、生活优越的明星。父母可以对孩子自发产生的"偶像崇拜"心理和行为进行合适的干预，也可以利用有学习价值的英雄形象来创造另一种明星崇拜效应，还可以为孩子的特长搭建实践的舞台，让孩子在实际生活中体会到成功的快乐，把孩子的"追星"转化为对自我成功的激励。

对于追星，父母在理解孩子的心理的前提下，最正确的做法就是对孩子的追星进行适当的引导，首先，应该注意的是引导孩子在追星的过程中把握好"度"，父母们可以通过平等的谈心方式和孩子进行沟通，让孩子理智地认识到，现在的主要任务还应该是学习，如果把大部分精力都花在搜集明星资料上，必然会影响到学习；如果不管家里还是学校的书桌或学习用具上到处贴着影星们的照片，也会分散自己的注意力，不利于专心致志地学习。更重要的是，父母应该引导孩子将崇拜的目光由明星外在的形象逐步聚焦于他们内在的精神气质，或者通过他们的作品感悟其背后的文化内涵。换句话说，要让孩子渐渐由崇拜一个或几个人，升华为对一种精神、一种品质、一种文化的崇敬。当然，上面所说的引导，除了推心置腹地真诚谈心，还体现在和孩子一起"追星"上。如果父母能够做到对孩子喜欢的明星也予以欣赏和理解，那将是对孩子最大的承认，这绝不是迁就孩子，而是和孩子拥有一种共同的话题甚至共同的爱好，能够促进孩子与父母更为有效地交流，父母还可以在平等交流的过程中，自然而然地给孩子以积极的引导。

父母们要帮助孩子掌握追星的度，过度追星不仅会浪费孩子大量时间，浪费父母们大量的金钱，甚至有时还会影响到孩子的身心健康。

针对过度追星的现象，心理学专家提醒孩子和父母们，欣赏明星是可以的，但更重要的是要明白生命的意义是什么，要学习明星身上的特质，而不是迷恋明星本身。同时，还应该与偶像保持理性的距离，偶像并不是我们生命的全部。

"坏"父母妙招

父母要有意识地引导孩子追各个领域的明星，比如为国争光的体育健将、知名企业家、政治家、作家等。

孩子，爱情你可以懂

现今的社会，早已不再是像纯美的《山楂树之恋》里面描绘的那种信息闭塞、业余文化生活单调枯燥、感情纯真的年代了，现在，不管

是大人还是孩子，都生活在信息时代里，人们的思想解放了，对于男女之间交往不再局限于以前的狭隘观点，现代的宣传媒介那么多，网络那么发达，孩子早已被各种各样、形形色色的新鲜观念所包围，社会环境对孩子们的影响已经超出了我们的预料和想象，而处在社会大环境中的细胞家庭，父母作为孩子的家长对孩子的关注、了解、分析、引导就显得尤为重要，尤其是在对待爱情这一敏感的事上。

　　研究表明，青春期的孩子与异性的正常交往是有很多益处的，如能满足自我心理需求，愉悦身心；通过交往能了解异性，包括对方的一些人格特点，能学会与异性进行沟通的方式；孩子在交往中能有效地完善自我人格，避免自恋倾向，学会爱慕他人是懂得欣赏他人的升华；在交往中学会接纳、尊重、理解和包容，并且一段深刻的初恋也可以为成年后和谐的婚姻生活打下良好的基础。

　　爱情观的教育，也属于心理健康教育的一种，重要的是对孩子正确爱情观的引导，这是做父母的必修课，在这一问题上，父母的角色也是相当重要的。引导孩子树立正确的爱情观，不但可以增进孩子的心理健康，而且还可以优化孩子们的心理素质，促进一个处于青春期中的孩子更为全面的发展。对于良好爱情观的教育，在合格人才的培养和成长中具有无法替代的独特作用。

　　父母们应该相信，孩子的心灵是纯洁的，他们的感情也是纯真无邪的，这没有什么不可以正视的，这是他们一段成长的必经历程。孩子们无法回避这些东西，教育更不应该回避这些属于孩子的东西。刻意回避会导致孩子们的爱情观模糊，甚至爱情观念错误，对早恋不能有正确的认识，当孩子的感情出现了萌芽，反而会形成不良的发展态势。父母们应该以多元化的方式，引导孩子树立正确的情感观。"坏"父母们知道，应该让孩子们认识到书本的城墙之外，还有更美好的情感空间。知

第六章／不走寻常路，做个孩子眼中的另类家长

道爱情是与生俱来的情感，增进对爱情的科学认识，树立正确的爱情观。

所以，现代教育提倡的是父母从小就要对孩子进行正确的性教育和爱情观教育。"坏"父母们的教育不会去刻意避讳任何健康积极的问题，他们相信，爱情观教育应该与性教育同步进行，这是避免处在青春期的孩子在性方面犯错误的最好办法。让纯洁的爱情观去战胜生理上的冲动，是一种积极的应对方法，这样可以让孩子有意识地分清爱情和生理冲动的区别，避免孩子为冲动付出代价。事实上，每个人的爱情观并不一样，所以，爱情观教育不能变成说教，父母也不需要把自己的爱情观强加给孩子，这样会影响他们未来对爱情的态度。最好的方法是引导与讨论相结合，从小就让孩子有对爱情的认识，而不是刻意回避探讨爱情，而这种认识随着他的成长不断深入，会形成他自己对爱情的态度。正确的爱情观是有利于家庭幸福和社会和谐的。

随着孩子思想上"早熟"的现象普遍增多，应如何正确对待孩子的"早恋"问题，也成了棘手的问题。面对孩子早恋，许多"坏"父母们的有些建议非常实用。

首先，父母们要做孩子的良师益友，而不是一个严厉的控制者，这样才不会使矛盾激化。当父母知道了孩子的情感隐私，或是孩子主动向父母吐露了一些朦胧的爱情感受时，聪明的父母要做孩子的良师益友去赢得他们的信任。父母们千万别把早恋视为洪水猛兽，它是人类情感的自然流露，面对孩子的早恋，如果你显得大惊小怪、小题大做，就证明你已经失败了一大半了，孩子一定不会听从你的建议，反而还会对你敬而远之。遇到早恋的孩子，"坏"父母们会伸出热情的双手，给孩子以温暖，做耐心细致艰苦的思想感化工作，要相信孩子是会转变的。

其次，"坏"父母们还要懂得区分轻重缓急，如果孩子真的早恋了，父母就一定要好好对待，切不可掉以轻心，要努力把家庭营造成一个温馨、和谐的乐园，让孩子有安全感。千万不要让孩子在家庭得不到温暖，而将感情孤注一掷地给予早恋的另一方，父母需要做细致的调查和耐心的思想转化工作。"坏"父母们会积极与孩子进行情感交流，从孩子感兴趣的话题入手，让孩子的情感在父母面前也可以得到释放和满足。

再次，在早恋的问题上，父母还有义务在思想上帮助孩子消除困惑。譬如，家长期盼孩子成绩优秀，孩子成绩却不理想；学校反对早恋，孩子偏偏陷入恋情；学校要求遵规守纪，孩子违反纪律，遭到严厉批评……这些矛盾冲突会使孩子受到压抑，要及时帮他们从思想上提高认识。这种认识并不是单纯地指对待感情这一问题，而是一个惯性的作用，如果平时父母就能承担起为孩子消除迷茫的角色，孩子在感情问题上出现迷茫的时候，他便也自然而然地会把父母当成一个最值得信任的求助对象，只有做到了这一点，父母才有可能第一时间掌握孩子在情感问题上的动向，也才不至于导致孩子在情感问题上跌跟头。

最后，如果孩子真的早恋了，特别是当早恋对象是同学时，"坏"父母的"坏招"则也应该以尊重孩子为前提，在不影响孩子的情绪的基础上，他们认为父母最好要与学校保持最密切的联系。孩子发生早恋，家长既不能放松，也别大惊小怪，更切忌顾及面子，难以启齿。父母要及时与学校保持密切的配合，积极沟通，建立起一个情报网络，配合老师一起对孩子加以正确的引导。

"坏"父母妙招

1. 当到了适当的年龄,"坏"父母们不妨推荐孩子读一些描写爱情故事的经典书籍,或引导孩子看一些关于爱情的经典电影,教孩子树立正确的爱情观,告诉孩子,爱情是纯粹和美好的情感,并且是无私的,同时告诉孩子付出的可贵。

2. 不要避讳性教育,父母可以在身边有孕妇的时候,借机告诉孩子一些基本的性知识,教育孩子生命的概念。

第七章
保持恒久童心,成为孩子心中的"大孩子"

只有学会做孩子的玩伴和朋友,才能真正理解孩子们在想些什么。别总是居高临下地教导孩子,孩子不会愿意永远仰着头看你。

把自己也当成小孩子

"童心",对于大多数父母来说,似乎已经是很遥远的事了。每当父母们紧皱眉头、生气地训斥着因在下雨天玩儿水弄脏了鞋子、沾污了裤子的孩子时,好像是件理所当然、天经地义的事情。但父母们可能没有想过,孩子心里不明白:这么好玩儿的事情,父母为什么不赞成呢?他们怀着兴奋的心情跑回家,本想向父母诉说一番戏水时有趣的情境,并让父母分享快乐,结果却被浇了一瓢冷水,这样的父母只能永远做父母这一个角色,而无法成为能与孩子共同玩乐的"大孩子"。

其实,有些父母教育孩子的失败往往就是因为缺乏童心。家长常用成人的眼光看孩子,其实孩子有自己的天地,他们对任何事物都感到新奇,可是有些父母却让孩子"规规矩矩",总想把孩子变成"小大人",总以为那样的孩子才是好孩子的典范,但这种脱离年龄特点的教育很容易造成两代人的隔阂,造成父母和孩子双向的不理解,怎么会不失败呢?虽然,父母和孩子之间的诸多"不理解"原因,比如时代的变迁、阅历的多少等,但这并不能成为使这种隔阂尽可能消除的借口,父母们应该尽量地把自己也当成小孩子,去主动与孩子之间建立起亲密的伙伴关系,这样才能更好的对孩子进行必要的指导和教育。

那么,父母们该如何让自己向小孩子更加靠拢呢?

首先,做父母的要了解孩子的心理,不了解孩子的心理就不会有童心,尽管你事事都是为了孩子着想,但很难取得好的效果。

孩子下雪天一心想和小朋友去打雪仗,可是妈妈怕孩子着凉,把他关在屋子里。孩子苦苦哀求:"妈妈,让我玩儿一会儿吧,玩儿一会儿就回来。"妈妈却说:"外面天气冷,当心着凉。他们比你大,会欺负你的。你有这么多玩具,在家自己玩儿!"于是孩子伤心地哭了……有的孩子非要用自己的电动玩具去换小朋友手中的泥人,有的孩子养个小蝌蚪会倾注全部的心血,看到路边的小狗就想抱回家养……这些在大人看来简直是不可思议的事情,可对孩子来说却是正常的。

孩子们的世界也是丰富多彩的,每一个孩子都有自己独特的思想、感情,也会快乐、不安、忧愁等。"坏"父母们认为,父母只有了解孩子的心理,才会赢得孩子的心,取得教育的主动权;反之,则会产生叛逆心理,甚至遭到孩子的怨恨,费力而不讨好。

其次,"坏"父母们都应该知道孩子的要求。父母们千万不要想当然地去揣测孩子的想法,许多父母都自以为很了解孩子,以为孩子的需求无非就是一些玩具、动画片光盘等,其实,这样的想法反而是不了解孩子的表现,如美国一项调查中就列举出了数个孩子的需求,使不少父母们都大跌眼镜,这些要求是:

孩子在场,不要吵架;
对每个孩子都要给以同样的爱,不要偏心;
父母之间要互相谦让,互相谅解;
父母和孩子之间要保持亲密无间的关系;
孩子的朋友来家做客时,要表示欢迎;
对孩子提出的问题要尽量全面地予以答复;
在孩子的朋友面前不要讲孩子的过错;
注意观察和表扬孩子的优点,不要过分强调缺点;
对孩子的爱要稳定,不要忽冷忽热,不要动不动就发脾气……

从这些孩子天真的要求里,我们不难看出,其实,在孩子的世界里，也有我们大人意想不到的一面，所以，父母要真诚地去了解孩子的真正要求，才能谈及是否满足孩子的要求。否则，即使父母一相情愿地认为已经把整个世界都给予了孩子，孩子也不一定就会快乐，而也只有当父母试图去把自己也当成小孩子，才能更准确地了解孩子的需求。

  再次，"坏"父母的一个妙招便是经常回忆自己的童年，这样有助于找回失落的童心。每个人都有自己美妙的童年，可人一做了父母，往往就把自己的童年给忘了，一味地以成人的心理要求孩子。如果家长能经常回忆自己的童年，尝试着"将心比心"地去体会孩子的想法和感觉，遇到问题替孩子设身处地想想，就容易理解孩子的心情，对孩子的教育方法自然也会改变。比如孩子正跳皮筋儿跳得正起劲儿，家长非得让孩子马上回家，孩子自然就会不听话或者耍脾气，父母们以为这是因为孩子太贪玩了，却不知道也有可能是因为她刚跳完，应该给别人抻皮筋儿了，这时候回家，别的小朋友就会对她不满。如果父母能在这时候将心比心地去理解孩子的这种心情，让她再玩儿几分钟再回家，孩子就能事先有了思想准备，"告一段落"后自觉地不玩儿了，心理不平衡也就会得到解决。所以，"坏"父母们提醒大家，做父母的不要忘了自己的童年：拍洋画儿、弹球、打弹弓、跳皮筋儿、跳房子、下老虎棋、吹泡泡儿、过家家，都曾使我们迷恋过；骑马打仗、打雪仗、藏猫猫，也曾使我们激动过。如果我们能回忆一下这些，对于理解孩子、正确引导孩子都是大有好处的。正所谓，没有理解就没有真正的爱。父母和孩子之间更是这样，如果父母不理解孩子，给孩子的爱就反而会使孩子反感。相反，如果父母能站到孩子的立场上，以孩子的目光看待他们的要求，支持孩子的正当要求，与孩子同喜、同乐、同忧，这样才能做到对孩子正确地表达爱，也才能让孩子正确地接收到你的爱。当然，理解不是目的，而是教育的起点，理解也代替不了教育，但理解往往是教育的前提，有了理解，教育才能做到真正的作用。理解也是为了避免父母与孩子之间形成不可化解的对立情绪，让父母们可以在教育孩子时变简单粗暴为耐心诱导，变单纯禁堵为积极疏导。

最后，做父母的还要看到社会的变化。有些家长说，我有童心，我经常拿我小时候的情况与现在的孩子比，可越比越麻烦，与孩子的代沟越来越深。殊不知，这正是这种对比造成的，家长要有童心，但千万不要误解为只是自己儿童时代的童心，而是要用发展的眼光看社会，要看到时代前进了，社会发展了，现代孩子的兴趣、爱好与我们童年有了很大差别，要向现代孩子的童心看齐才行。孩子的生活条件改善了、智力开发早了、信息广泛了，思想就解放了，观念也改变了。父母如果看不到这些，就会造成与孩子的隔阂。所以我们说的保持童心，还不完全是指家长自己童年时的童心，而是现代儿童的童心。这就要求家长时时研究社会变化对孩子造成的影响，绝不能以旧的观念看待新一代的孩子，那样只会事倍功半。

"坏"父母妙招

教孩子玩自己小时候喜欢的游戏，让孩子体会"简单游戏"的快乐。

孩子，我们最好能"玩儿"到一起

可以说，玩儿是孩子生活中最主要的内容，同时也是他们认识客观世界、获得身心各方面发展的最基本手段。所以，"坏"父母们认为，如果父母能在休闲时间和孩子一起多多玩耍，并利用玩耍时接触到的事物和材料，对孩子进行因势利导的教育，这样，不仅能让孩子在轻松愉快、无拘无束的氛围中不知不觉地获得知识和经验，而且也避免了独生子女因缺少与同龄玩伴交往而产生孤独感。从"坏"父母们的角度来讲，和孩子一起玩耍，也能使孩子的良好情绪冲淡自己在外因工作等方面所造成的不良情绪，逐渐恢复快乐积极的心态，还可以从中体味亲子之情，并能从中发现孩子的兴趣、特点，就此更好地引导孩子潜能的发挥，可谓是一件两全其美的事，所以，做个贪玩的"坏"父母，和孩子玩到一起，才是成为优秀父母的秘诀。

不过，在这里要首先纠正许多父母们的一个观念，那就是往往父母们会把和孩子一起游戏看成是"陪孩子玩儿"，认为孩子是发起者，父母是跟随者，父母是在牺牲自己的时间陪孩子，并且父母要被动地跟着孩子走，自然是一件不太轻松和有趣的事情。但"坏"父母们却可以乐在其中，奥秘就在于，"坏"父母能把和孩子一起游戏看成"和孩子一起玩儿"，父母也真心地融入游戏中，父母和孩子同在一个游戏的氛围中，一起笑，一起探索游戏中碰到的问题，一起动脑筋想出更多更好的玩法，共同享受交流和放松的乐趣，这才是合格的贪玩儿爸妈。

父母和孩子一起玩儿，最首要的目的便是建立亲子感情，享受天伦之乐；其次是使孩子快乐；最后则是在和孩子一起玩的过程中指导孩子玩儿，提高孩子玩儿的技术水平，促进孩子各方面能力的发展。那些成功的"坏"父母，究竟是怎样和孩子一起玩儿呢？

首先，家长应以专注的神态很投入地和孩子一道玩儿，这样孩子才会真正开心，应付的态度会使孩子感到扫兴，甚至引起一些不愉快。父母要充分表达对所玩儿游戏的兴趣，孩子是很敏感的，如果勉强他去玩儿他不感兴趣的游戏，很容易玩儿不下去。倒不如和孩子商量着玩儿，玩儿一些大家都感兴趣的游戏。爸爸妈妈在陪孩子游戏时，要和孩子一样真诚投入、非常专心，短时间完整的注意力投入，比长时间的敷衍更有效果。

其次，应以朋友的身份、平等的态度和孩子一起玩儿，不要居高临下地指责孩子、批评孩子。有时孩子对玩儿的技巧尚未掌握，家长应耐心地和孩子继续玩儿下去，不要不耐烦孩子的问题，还要学会倾听，倾听会让孩子感受到你对他的关注和爱意，让他更想展现自己。孩子在游戏中所表达的可能有一些潜在的涵义，爸爸妈妈多花些心思去倾听孩子所说的，收获的可能是孩子想对你说却不敢或不知如何开口的心里话。在倾听中，让孩子带领你去看他所看到的世界。

第三，父母还可以和在玩儿的过程中故意和孩子比赛，在比赛过程中家长应了解孩子的心理。对于自信心不足的孩子，家长在比赛时应"落后"一点，以增强孩子的自信心，提高孩子的成就感；对于太要强、好胜心太强的孩子，家长应胜他一筹，要在游戏过程中锻炼孩子对失败、挫折的心理承受力。此外，父母还可以在游戏中多向孩子请教，或者多问开放性的问题。游戏是孩子的世界，父母除了多听，还应开放自己，多问多学。不要假设孩子和你有一样的想法，也不要急着先去表达自己的想法，孩子的想象力常常是我们望尘莫及的。多问问孩子在做什么，了解孩子的想法。

最后，在与孩子一起玩儿的时候如果遇到了问题，父母们应首先试着让孩子自己解决，因为游戏也是日常生活的缩影，孩子也会遇到问题和困难，爸爸妈妈可能会不自觉地帮他解决问题。其实，游戏是孩子学习解决问题的最安全的方法，父母应该多些耐心，这样便有机会和孩子一起感受解决问题的骄傲与自豪。

父母和孩子一起玩儿，除了给孩子讲故事，带孩子出去玩儿，在家中和孩子玩儿玩具等，还能和孩子做些什么呢？"坏"父母们则认为，家长应该在许多时候也成为游戏的创造者，带领孩子一起玩儿一些对于孩子来说新鲜的游戏，所以"坏"父母们的妙招是不妨把自己的童心

177

也挖掘出来,想想自己小时候曾经玩儿过的游戏,其实,这些游戏有很多可以和孩子一起玩儿的。比如,我们小的时候也曾经和小伙伴们玩"过家家",当家里的人不够多的时候,可以把"过家家"的游戏稍做改变。例如,父母和孩子一起玩开商店的游戏。父母和孩子一人当顾客,一个扮演售货员,接下来把所有的旧玩具都摆出来,同孩子一起模拟"买卖"。买东西是需要钱的。当然,钱可用代用品,一些小玩具如小画片、小纸板等,只要孩子能想得出,都可以当钱用。还可以使用真的钱,这样可使孩子对钱币有直观的认识,并从中学习数数、计算和理财。并且在游戏"买卖"的过程中,父母还可不断引导孩子认识颜色、大小,学习归类等。其实,像这样的角色扮演游戏孩子参与的热情普遍很高,游戏培养了孩子的注意力、想象力等思维能力,还增强了亲子沟通。

此外,"坏"父母们还可以在大自然中为孩子建造一座游戏的天堂,如落叶、树枝、小石块、沙土等。同各种人造玩具相比,这些天赐玩具既经济实惠,又更能吸引孩子。在大自然中,孩子们是天生的能工巧匠。他们在沙堆上挖隧道、建城堡、造高楼,玩得不亦乐乎,浑身粘满泥沙也毫不在意;他们会对一个落在地上的小树枝兴趣盎然,还会因为一堆石子而流连忘返。在孩子能充分发挥天性的地方,父母需要做的只是让孩子去开发自己的想象力,并且欣赏孩子的一举一动,对孩子的任何发现都给予鼓励。当然,父母还有很多可以和孩子一起玩儿的东西,每个父母都有自己的宝贝可以拿出来跟孩子分享。只要开动脑筋,设计一些让孩子喜欢、自己也乐于参与的游戏,不但有助于加强父母和孩子之间的情感交流,还能让父母和孩子都全身心投入到玩耍的世界中,做回快乐的小孩子。

"坏"父母妙招

1. "坏"父母应该懂得怎样把自己的喜好传达给孩子，并且影响孩子跟随自己的爱好去开展游戏或活动，这样双方都能从中收获快乐。

2. 父母应该像爱孩子一样去爱孩子喜欢做的事情，努力去跟孩子一起玩儿，而不只是带着孩子玩儿。

异想天开又何妨

异想天开，这个词在使用的时候常常带有一定的贬义，好像是不切实际的代言。如果说小孩子喜欢异想天开，人们会认为很正常，但若是为人父母还常常异想天开，似乎就成了笑话。其实，在现实生活中，"坏"父母们的异想天开也是一种能力，也正是异想天开给了"坏"父母们更加诱人的表现和表达的机会，换句话说，异想天开也是一种非常可贵的想象力。让我们试想一下，人类发展的历程曾无数次地向我们表明，没有异想天开，便没有人类社会的进步。许多古人"异想天开"的事，经过科学家们不断地探索与研究，今天都变成了现实。

所以，当孩子们有了一些这样那样奇特的想法时，请不要责备他们胡思乱想，说他们异想天开，而应当给他们以适当的鼓励和引导。而身为父母，如果自己也能是个喜欢异想天开，满脑子充满着新奇想法的人，那一定可以更好地跟孩子们玩到一起，成为一个孩子们眼中的达人爸妈。

然而在现实生活中，我们却常常有意无意地泯灭了孩子们的想象力，其实，这也正是我们自身缺乏异想天开的能力的体现，让我们来看看下面的例子：

在课堂上，老师问小朋友们："砖头可以干什么？"大多数孩子回答道："盖房子。"教师笑了。显然，这是她认可的正确答案。然而，这时却有一个男孩子举起了小手，眨着大眼睛坏笑着说："可以打狗！"孩子们听后立刻便笑着嚷嚷开来，老师的脸色顿时有些不好，其实平时她最不喜欢这个淘气的男孩子了，这孩子常有一些怪点子，还常常爱搞乱……

可是让我们来想一想，难道这个男孩子不聪明吗？他是否比别的小朋友更聪明、更有开拓的意识和胆魄呢？难道我们不应该对这样的孩子给予更多的鼓励和表扬，让他们新奇的想法带动更多的小朋友一起来活跃思维吗？

回顾我们在平时常采用的教育形式，不得不承认，死记硬背占了很大的比例，如果一个学生在考试时提出了与标准答案不同的看法，事实上尽管这个学生的答案可能是对的或者可能也颇有见地，但卷面上他的分数也往往要被扣掉，反之，背书背得好，却很少有自己想法的孩子却可能会得到高分。试想，这种教育方法，不能不说是束缚了孩子的想象力和创造力，又何谈异想天开呢？其实，富于求异思维，富有想象力和创造精神才是一个人成才的必备条件。所以，"坏"父母们早就意识到不能扼杀孩子的发散性思维，我们应该鼓励孩子去多动脑筋，尽量地开发他们的想象力，并且从不同的角度去寻找不同的答案，而不要限制孩子，阻碍孩子去开阔视野。成人的想法容易被禁锢，这是因为在考虑问题时，常要受到许多潜在的因素的限制，这是客观事实，但孩子却不同，所以我们不能把成年人受到禁锢的思想也强加给孩子，甚至还强迫他们也接受这种禁锢，而应该让他们的思维插上翅膀尽情驰骋，想出出乎人意料的答案，这才是真正可贵的。

那么，"坏"父母们都究竟应该怎么让孩子们拥有异想天开的空间的能力呢？

首先，"坏"父母们认为，家长应尊重孩子的想法，并且不要让孩子认为父母的知识就是绝对不能更改的。例如，你打算教孩子学习阿拉伯数字，当你在本子上端端正正地写下一个"0"时，孩子便会马上展开丰富的想象，说这是张大的嘴巴、煮熟的鸡蛋、妈妈的耳环，或者是其他一些你根本想不到的东西。这时候，你千万别为孩子没有按照你的思维去学习而火冒三丈，认为他纯属胡说八道、异想天开。殊不知，这样做很容易挫伤孩子想象的积极性，把孩子的思维过早地束缚在成人所划定的框框里，而失去了儿童应有的天真与童趣。当然，你还是需要教导他这是阿拉伯数字"0"，并且要告诉孩子他们的想法都是对的，正是因为许多人也都意识到了这个符号可以像这像那，人们都很喜欢它，并且愿意接受它，所以，在需要记录数字时才赋予了它特别的意义。此外，让孩子具有一些"怀疑"精神，对他扩展思路也是非常有益的。"坏"父母们似乎都知道，没有科学家的大胆想象和艰苦验证，也许今天我们还会认为天是圆的、地是方的。科学的每一进步都离不开大胆的设想，也离不开对现有模式的"怀疑"，如果我们的孩子只知道按老师和家长给的答案去回答问题、思考问题，就不会有所发现、有所创造和有所突破了，所以，给孩子一定"怀疑"和"探索"的空间，说不定哪天你就能培养出一位小科学家。

其次，"坏"父母们最大的长处就在于他们不会禁锢自己的思想，不会把现在不可能的事情认为永远都不可能发生，更不会禁止孩子去想象。例如，当孩子对你说："妈妈，我长大了要到太阳上去探险。"你千万不要对他说："太阳可不能去，会把你烤化的。"而应当鼓励、引导孩子："你的想法很好，但那需要有丰富的知识，从现在起你就要好

181

好学习，将来发明一种不怕太阳高温的飞船和宇航服，这样才能到太阳上去探险。"由此看来，父母一定要用心地倾听孩子每一个"可笑"或者"荒唐"的幻想，而不要嘲笑和打击他们，因为每一个奇妙的想象在若干年后都有变成现实的可能。"坏"父母们认为，如果父母仅凭自己的经验来强迫孩子接受自己的判断——"可能或不可能"，那么，孩子独特的个性和创造性就会被无情地扼杀于摇篮之中了。

最后，"坏"父母们还有一个"坏招"，那就是要不失时机、积极大胆地鼓励孩子发挥想象，鼓励孩子的创新精神和求异意识。让我们先看看下面的例子：

一对年轻夫妇为了培养孩子的记忆力和复述力，每次给孩子讲完一个故事后，便要求孩子重述一遍。有一次，孩子在听完《狼和小羊》的故事后，认为可爱的小羊不应该被凶恶的狼吃掉，实在太可怜了，便发挥想象自己加了一个情节：小羊拼命奔跑，并且大声呼救，正好被猎狗听到了，猎狗跑过来勇敢地与狼搏斗，终于战胜了可恶的大灰狼。孩子的父母听到后非常生气："我是这样讲的吗？下次好好听着，别讲错了！"孩子感到很委屈，连听故事的兴趣也没有了。

上面的这对年轻夫妇，不但不为孩子的想法而感到欣喜，反而扼杀了孩子听故事的积极性，扼杀了孩子的想象力、同情心，还扼杀了孩子成为小作家的可能性，实在值得我们引以为戒。所以在平时，"坏"父母们都要支持孩子在没有危险的情况下进行各种尝试，玩儿玩具和做游戏时，不一定非要孩子照一成不变的模式去做，不妨出点新花样儿。有些事情，孩子因"异想天开"而出了差错，"坏"父母们也不是急于去责备孩子，而是帮助孩子分析一下，找到更妥当的方法，并告诉孩子什么是可行的，给他适当的提示，让他换个方法再试试。一定要在孩子做对了的时候给予孩子表扬和鼓励。这样，孩子便会从成功中获得喜悦、获得自信。孩子在遇到问题时，也就会习惯地去用脑筋想一想了。

"坏"父母妙招

1. 平时多跟孩子交流一些异想天开的想法，不要怕在孩子面前说出"荒唐"的想法而认为"丢脸"，也许孩子会用仰慕的目光来看待你呢！

2. 当孩子的某些想法让你闻所未闻时，你就要先进行鼓励，再帮助孩子去客观分析其合理性。

跟孩子一起体会简单的美感

有位教育专家曾经提出了"美感是最好的家教"一说，那么，美到底是什么？"美"其实是相当主观的感觉，我们对美的欣赏与表现，是一种自我看外在世界时所产生的协调程度，这种协调会让人感觉到舒服，每个人与生俱来便有"美感"，不管它是以哪一种形式存在，都能令当事人心中产生一种感动。美的存在，可以使人变得积极而豁达，变得心中充满爱和感恩之情。所以，从小培养孩子对美感的认知，哪怕是一些简单微小的美感，也要让孩子在生活中用心去捕捉，这是家庭教育中最有价值的一项工作。只有懂得美和感受美感的人，才能真正热爱生活。让我们来看看卢梭的例子：

法国教育家卢梭在他刚出生时就失去了母亲，他的姑姑将他抚养成人，姑姑对他从小进行了美的教育，这给他留下了终身难忘的印象。他在《忏悔录》中这样写道："我对于音乐的爱好，……确信是受了姑姑的影响。她会唱无数美妙的小调和歌曲，她那清细的嗓音唱起歌儿来十分动听。还有她那爽朗的心情，可以驱散她本人和她周围一切人的怅惘和悲愁。她的歌声对我的魅力是那样大，不仅她所唱的一些歌曲还一直留在我的记忆里，甚至在我的记忆力已经衰退的今天，有些在我儿童时代就已经完全忘却了的歌曲，随着年龄的增长，又浮现在我的脑海中，给了我一种难以表达的乐趣。"甚至在卢梭的晚年生活中，每当他想起了姑姑唱过的歌曲，他还常会像孩子般地哭泣，有一支姑姑教给他的歌曲一直使他很动情，遗憾的是他忘却了后面一半的歌词，他曾几次想请人补续后一半被他忘掉的歌词，但是他始终没有这样做。因为他不希望这支使他动情的歌曲还有别人也会唱。他在童年时期感受过的这支歌曲的美，对他一生的生活都产生着潜移默化的影响。美的熏陶有如此神奇的力量，有时简直难以使人相信。最终使他成为了世界闻名的学者和教育家。

通常，人们对生活的美的认识或看法被称为审美观。正如我们都知道的，审美观在很大程度上决定一个人的生活态度和举止言谈的美与丑。审美素养包括认识美、评价美、感觉美、鉴赏美、享受美、表达美和创造美等意识和能力。这些都是一个人在成长过程中逐渐形成的，并且审美观的形成会受到生活中许许多多细节的影响，所以，在日常生活中，"坏"父母们总是提醒自己：正确且高雅的审美观和对于美感的体验和认知，在孩子的日常生活中是可以培养出来的。

"坏"父母们认为，培养孩子们的审美能力，能有助于他们形成高尚的情操，并且能够愉悦他们精神、美化心灵和启迪智慧。对美感的良好的认知将会使他们获得更多的幸福。孩子们将通过审美的新角度、新视野，去发现自己、培养自己和超越自己，同时发现生活、开垦生活和创造生活，让美感与生活同在。

那么，作为一个"坏"父母，究竟应该怎样对孩子进行有效的审美教育呢？

首先，父母要为孩子们输入各种美的信息。最简单的做法就是，父母可以根据自身的经验简单地传授给孩子一些基本的审美知识、理论和自己审美、欣赏美的经验等，再在这些知识的指导下，引导孩子去接触自然美、社会美、艺术美，让孩子在尝试和理解的过程中初步培养起认识美的能力，使他们能对各种美的信息表示关注。

其次，父母们要引导孩子进入审美状态。如让孩子在审美过程中欣赏大自然的美好，或者听一首乐曲，接触一个美的行为。一方面可以让孩子体验到审美的愉悦感，培养感受美的能力；一方面可以让这些美的元素和自己的想象、情感和理解十分和谐地融合，成为一种审美享受。逐渐地，孩子就能具有一定的鉴赏能力，形成自己初步的审美观。

再次，父母要刻意地让孩子将生活中的点点滴滴都升华到审美意识的层面，经常鼓励孩子从审美的角度去看、去听、去想。这样让孩子的审美状态反复出现，长期耳濡目染，在潜移默化中，在其审美经验中留下深深的印痕，就能不断提高孩子评价美的能力，从而向高层次升华，追求更为丰富、高雅的审美对象，产生更高层次的审美要求。

其实，在对孩子进行审美教育的过程中，过于高深的理论父母们未必都能够学会并做到，但有一点，想必每位父母都能尽量完成的，这也是最为重要的，那便是让孩子拥有对生活的美的感知能力。

众所周知，每一个人对同一个事物所产生的美感并不都是一致的，但每一个人都可以通过自己的感官去感知触及到灵魂中的自我愉悦。人对于美感有独到的领略，因为美可以唤起我们对生命的感动、对生活的感恩之情。"坏"父母们始终觉得，教孩子学会在生活中体验简单的美感，在生活中去观察美、感受美，才是孩子开启美好生活的基础，所

185

以，父母们可以尽量多地为孩子创造美的环境。如声、色、情境，这都是孩子首先接触到的美感中介，通过对这些美感载体的领悟，使孩子在"润物细无声"中感受到美的神韵。在这里，美的环境不仅指整洁幽雅的居室布置、家庭成员的良好的礼仪、和谐快乐的成员关系，还包括孩子整齐大方的仪表，更包括孩子在大自然神奇美妙的山川之间领略到的秀美、悠远、壮观、博大的神秘美感。

归根结底，所有美育的目的都是希望能够塑造孩子强健完美的人格，因此"坏"父母们坚持认为应该让孩子对社会生活有一定的美感能力。除了对孩子进行艺术的自然美感能力的培养之外，还要重视培养孩子对社会生活的美感能力。所以，作为父母，首先要注意自己的形象语言，用自己端庄的仪表、美好的语言去净化孩子的耳朵和心灵，让孩子接触到良好的外部环境。我们要对孩子进行综合美感能力的培养，仁爱、善良、助人为乐、诚实守信、勤劳简朴、勇敢坚强、自尊、自立、积极乐观等优良的品质。而讲究礼节，亲切、和善的语言，健康、健美的体态，穿戴得体，干净大方的服饰，高雅的气质等也都可以唤起孩子的美感。

"坏"父母妙招

1. 在家中养一些美丽的花草或金鱼等，让孩子对它们多多观察，并且引导孩子去发现它们的美好之处，教孩子体会简单的生活中的美。

2. 注重对孩子的审美教育，比如培养孩子挑选印有自己喜爱图案的书包、文具、衣服等等，让孩子明确自己喜欢什么样的美丽的形象。

孩子当道，一切从"慢"

现在，请父母们细心留意周围，相信一定会经常发现有下面的这种场景：

大人急急忙忙地走在前面，孩子在后面蹒跚地吃力地跟着，可是前面的父母还不时催促孩子跟上自己那紧张急促的步伐，孩子看上去也一脸焦急……

身处在这个分秒必争的时代，父母自己工作的快节奏，加上对孩子未来激烈竞争环境的设想，快节奏的生活步调难免地严重地影响着孩子们的生活。"快"成了父母的一大通病，很多父母有苦难言，虽有所自省，却无奈迫于整个社会的现状，而无从更改。其实，不知道父母们有没有想过，自己背后的那个小小身影更苦，他们必须压制自己本能的内在需求和节奏，跟上父母们越来越快的脚步，所以，现在越来越多的教育专家们开始就这一问题呼吁广大父母们，要为了孩子，注重"慢活"。而正如许多"坏"父母们已经意识到的那样，"慢活"不但是近些年刮起的一股全新的生活风潮，成为都市人的一个新追求，而且，对孩子来说，放慢生活步调具有着非常重大的意义。

首先，一切从慢的状态更加有利于孩子对未知世界的理解和消化。孩子的特质通常是记得快，忘得也快。快速地填很多东西给孩子，即使你的孩子很聪明，记性很好，能暂时记住，也会因为没有时间"消化"而很快被遗忘；相反，对孩子的教育如果能每一次都量少却精致，就能给予孩子慢慢消化的时间，知识在内心中生根，才会产生深远影响。

一位国外特色幼儿园的老师，花了整整两个月的时间，从实际生活中，以一些简单得不能再简单的幼儿能懂的现象和语言，让他们学习区分"生物"和"非生物"的概念。这个慢而少的教学过程，果然唤醒了孩子的世界观意识，让他们得以重新认识这个世界，班上的小朋友个个像小小科学家，着了迷似的分析周遭的一草一木，这样学到的知识终身都可以受用。

其次，父母们应该醒悟的一点便是，只有放慢速度，才能把成长的主权还给孩子。在孩子成长的过程中，家长经常会不自觉地扮演主宰的角色。父母们的误区和盲点往往是：我们只想到幼儿的明天，只想到他们未来的生活会怎样怎样，却从来没有人关心现在的他们。

一个小孩因为行为怪异不被小朋友接纳，两年中，父母为孩子换了两所幼儿园，后来在一位教师提倡的缓慢教学方法的引导下，这个小孩自己发出了感叹：为什么我在别的地方都是坏孩子，只有在这里才是好孩子？那个耐心执教的老师总结道："我现在还没办法把他变成人见人爱的孩子，但我相信通过一小步一小步的带领，我已深入了解了他的内心世界，把最重要的自尊与自信还给他了。"

其实，父母们也有自己的担忧，面对整个社会的快节奏，以及越来越激烈的社会竞争，孩子是不是落后了？这完全是父母们一相情愿的想法，从客观的角度来讲，"快"和"慢"是没有定论和标准的，其所导致的结果也并非绝对的好或坏，也并不能与孩子以后的成功和失败简单挂钩儿。难道曾经学习差的孩子以后就不能在自己感兴趣的领域得到很好的发展了？或者曾经做事慢条斯理的孩子以后就一定会落在别人后面吗？

其实，在快慢这一问题上，"坏"父母们建议大家，最好的教育方式就是：尊重孩子自己的节奏。客观地来说，孩子自己的节奏还是要比我们成年人慢一些的，所以，父母在这一问题上适度地作出一定的牺牲和让步是必需且必要的。但，孩子也是单独的个体，是有个体差异的，即有快有慢，有的孩子天生就是"慢郎中"，有的则天生是"急旋风"。父母是否给予了孩子一定的选择权？父母们是否关注了孩子的感受？是否留意了孩子的个性差异？孩子的节奏有快有慢，父母要学会观察和尊重每一个孩子的独特节奏。"坏"父母们会充分打开自身的感知能力，父母们要做到对孩子的任何细节都有感有觉，这样才能跟随孩子的节奏，逐渐摸索出何时该快、何时该慢。当然，父母们在迁就孩子的节奏的同时，也要让孩子学会了解成人的处境，使孩子也能对自己的节奏进行调整。比如：为了赶一场重要的聚会，可以事先告知孩子，让他做好准备，及时调整自己的慢节奏。这会为日后孩子良好的人际互动奠定基础，因为快与慢的速度，有时与周遭人、事物的协调密切相关。

"坏"父母们认为，家长除了观察孩子的慢节奏，尊重孩子自己的节奏以外，自己也可以适当地让自己的节奏慢下来，这对教育和适应孩子的"慢活"也是有帮助的。首先家长们可以把工作的节奏慢下来，当然，这个慢绝不是少做，更不是不做，是要讲究做的方法，可以先拣重要的事情做，再一项一项慢慢来。其次，"坏"父母们做家务的节奏也可以慢下来。家庭是温暖的港湾，气氛应该是温馨的，节奏应该是舒缓的，而家务事是做不完的，父母们不要以工作的标准看待家务事，也不要以对下属、同事的标准对待家人。家务活可以大家一起做，有的时候父母们"偷偷懒"也是不错的。再次，监督孩子学习的节奏更可以慢下来。这个慢，说的是家长的节奏，而不是孩子的成绩。知识都是一点一滴慢慢积累起来的，孩子学习成绩的提高也不是一蹴而就的，家长一定要有耐心和恒心，同孩子一道解决问题，而不要只是给孩子压力。最后，"坏"父母还特别提醒大家，培养孩子好习惯的心情也可以慢下来。一个好习惯的养成需要的时间或许很长，如果家长没有耐心，往往会半途而废。给孩子创造和提供更多的机会，孩子一定会做好的。总之，父母们无法控制社会的快节奏，但我们能够做到的是控制自己的情绪和心情，从而不让这种由快而生的急躁情绪传给悠闲生活的孩子，记住，孩子当道之时，请一切从"慢"。

"坏"父母妙招

1. 其实快起来容易，慢下来却难。作为父母，只要别认为总是应该"带着孩子去做这做那"，而是学着"跟着孩子去做这做那"，自然而然就会磨炼出耐心。

2. 一个人成熟的标志便在于是否会将自身的情绪影响到他人，所以作为父母，千万不要把自己焦躁的情绪传染给孩子，那样只会让脆弱的孩子无所适从。

工作狂？请回到办公室去

孩子和工作，对于年轻的父母们来说形成了一定程度的矛盾，孩子们不是在幼儿园或学校，就是一个人待在家里，即使很多时候父母们回

到家了，可能还会有接不完的电话、写不完的报表，把工作带回家里。那么，父母一整天都不在身边，对孩子的成长会有什么影响呢？在美国曾经进行过这样一份调查，调查对象是一千多个孩子，这些可爱的孩子在言及所面临的问题的同时，也提出了许多对于父母们来说具有建设性的意见，让我们来听听双职工家庭的孩子们为他们父母如何处理在工作和家庭之间关系的问题提出的一些建议。

其实，"坏"父母们应该让孩子对自己的工作有所了解，虽然知道孩子并不一定能懂，但也可以对孩子多讲一讲你的工作。小孩子都是好奇的，想知道上班是怎么回事儿。要是你能在回家后给孩子讲讲你的工作，不但能够满足他们的好奇心，而且能够让他们对父母的工作形成一个初步的概念，等到了10岁左右，孩子就会对与工作有关的方方面面有进一步的了解，诸如工作职责、工作中遇到的挫折、规章制度、日程安排等等。更重要的是，父母可以通过交谈，让孩子潜移默化地知道工作顺心能使人愉快，如果有一天你好不容易才完成了一项工作，当你踏进家门的时候，孩子就会从你满脸的笑容看出工作能带给你快乐；相反，孩子也会知道有时候父母不开心是因为工作，而不是因为自己，孩子也能够对你多一些了解和理解。可能的话，父母还不妨偶尔带孩子去自己工作的地方见识一下，让孩子有点感性的认识。

父母不要只把心思放在在工作上，忽略了孩子的成长。让我们听听下面的例子：

我爸爸整天都在工作，"14岁的小茜抱怨说，"他总是早上7点左右出门，不到晚上8点肯定不回家。而这时我们都吃完饭了，他就一个人吃饭，还常常边吃边看电视，连周末他也要上办公室。

正因为有太多的父母总是在孩子面前工作，或是把工作带回家，使

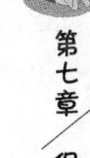

191

很多孩子都认为，他们的父母更看重事业上的成功，而不是做好自己的爸爸妈妈这种角色。有一个高中生这样评价他的母亲："人人都觉得我妈妈厉害，她聪明能干不说，还有点知名度。到处去发表讲演什么的，她有的是时间，唯一顾不上的就是我。"其实，父母在家里还要工作是最让孩子生气的，孩子不能和大人一起玩儿也就罢了，还得尽量去避免干扰大人的工作，等到大人们忙完了工作再来找孩子玩儿，孩子自然不能接受，还会对孩子的心理造成不良的影响。

切记，父母们千万不要把工作中的不良情绪带回家。在一项调查中，有37%的孩子觉得他们的父母在一天的工作之后脾气很坏，看看下面的孩子怎么说：

如一个12岁的孩子说："爸爸总是在他自己劳累了一天之后就拿我和弟弟撒气，哪怕是一丁点儿事情，比如打电话声音大了点，他都会冲我们大吼大叫。"

无疑地，孩子是需要大人的安慰和关怀的。因此父母们在回到家以后，在进入爸爸妈妈这个角色之前，可以先花点儿时间放松放松自己的神经，调整好自己的情绪，比如洗个澡、喝一小杯酒、打个盹、活动一下身体……怎样对自己最合适就可以怎样，关键是要把工作中的烦恼抛在脑后，尽情地跟孩子一起享受天伦之乐。

父母们在家中扮演着非常重要的角色，家庭环境，是由父母和孩子共同建立起来的，所以，在业余时间里，父母不要频繁地外出，把孩子和保姆留在家里，或是今天爸爸不在，明天妈妈不在，这种现象是非常不利于孩子的身心成长的，也会让孩子对工作产生错误的印象。听听孩子们的不解：

一位10岁的小男孩不解地说："爸爸妈妈星期二打网球，星期四和朋友聚餐，每个周末他们又都要出去，我觉得他们宁可待在外面也不愿意和我一起待在家里。"在调查中孩子们纷纷发问："爸爸妈妈为什么老爱出去呢？"

"坏"父母们认为，真正的坏父母是那些没有时间和孩子待在一起的父母。请父母们扪心自问一下，一周里面有多少天能和孩子共进晚餐、检查孩子的家庭作业或是和孩子度过一个愉快的夜晚呢？也不妨问问孩子，当父母不在家的时候他们是什么感受。

此外，"坏"父母们还建议家长应该多听听孩子的心声。因为父母要想和孩子保持良好的关系，就应该多和孩子认真交谈。这才是孩子们真正的心声。许多孩子都很清楚他们想和父母谈些什么，那就是情感，尤其是在他们感到不安的时候更是想对父母一吐为快。但很多孩子说他们的父母对所有敏感的话题避而不谈，建议做父母的应该在业余时间多听听孩子的心声，回答孩子提出的种种问题。这样做，一方面可以大大稳定孩子的情绪，另一方面也能使家长和孩子的关系更为牢固，并且加深相互的了解。

还有，"坏"父母与孩子分享时间的一个妙招就是父母在节假日一定要常带孩子出去玩，不要因为工作很忙节假日就只想到自己休息，对于小孩子来说，节假日和父母共同出去玩也许是他们期待了一周的事情。父母们在上班时没有大量时间陪孩子，那么到了节假日，父母的空闲时间比较多而且集中，这时，父母如果多带孩子外出旅游观光，或者一家人出去野餐，都可以增进大人与孩子间的亲密关系。不但使孩子体验到父母对他的爱，还可以缓解一周以来自己工作的紧张和压力，何乐而不为呢？美国一位教育学家亨利·凡·戴克的一句话非常有意义：屋里若有爱长驻，有友情为贵客，就是真正的家，甜蜜的家；因为在那儿，心灵才可以休息。

最后，"坏"父母们会非常在意一定要保证每天要有个良好的开端。当每天早上阳光照进屋子里，你和孩子将怎么度过，这其实就给这一整天定了调，正所谓"一日之计在于晨"，每天早起的时光，也是父母们引导孩子，和孩子达成良好沟通的开始。让我们看看现实又是怎样的？

一个11岁的孩子说："每天早晨我家里就跟动物园似的，每个人都忙来忙去的。我父母总是尖叫着说他们要迟到了。他们咆哮着命令我们'叠好被子！还不赶快！吃早饭！'这样开始的一天真是糟糕透了。"

听了上面的话，相信"坏"父母们都能总结出，父母们尽量和孩子一起营造一个平和温馨的早晨是非常重要的，比如早起一刻钟，有条不紊地做好早起必需的每一样事情，和孩子共进早餐等都是很有意义的。还有，别忘了给孩子一个拥抱、一个吻，或者对孩子说几句鼓励的话，请父母们记住，早上一个良好的开端将给孩子极大的信心去面对这一天的学习生活。

"坏"父母妙招

1. "坏"父母们告诉我们，每天不用多，只需要睡觉前跟孩子共度半个小时就够了，这样做一定会带给孩子一个温馨的好梦。

2. 虽然适当地在家中工作有助于让孩子学习到什么是良好的工作态度，但千万不能过火，否则会让孩子感觉工作是一件烦人的事，结果会对今后造成不良的影响。

宝贝，周末是属于你我的

　　每当周末来临，家长们都是怎样安排孩子的周末生活呢？一般星期一到星期五，孩子的时间都是和老师或小伙伴们一起度过的，所以等到了周末，孩子非常希望能够和最亲的人一起度过一个快乐、开心、又有意义的周末，而这个最亲的人，正是父母。许多父母或许对这一点还没有足够的认识，有的父母到了周末就自己找来一堆朋友喝酒、打牌，完全忽略了孩子的感受。其实，周末对于孩子来说也同样是一段重要的时光，所以"坏"父母们就不会这样做，他们主张父母们不但要在周末尽可能地对平时因工作太忙而不能关照到孩子进行相应的弥补，还要把你和孩子共同的周末安排得尽可能完美。怎样为孩子安排一个丰富又有意义的周末呢？

　　首先，"坏"父母们认为，家长要把周末生活安排得尽量有计划性。甚至可以提前一周安排，也可以在周五或平时有空的时间提出来征求每一位家庭成员的意见，特别是孩子。父母可以询问孩子的想法，不要以为孩子比较小就没有自己的主意和期望，应该明确地以孩子的意愿为中心来度过周末，只要孩子的想法是积极而不是无理的，父母们都应该尽量满足。父母们当然也可以提出自己的安排计划，大家可以相互讨论，兼顾各自的想法，并最终达成一致。这样一个民主的氛围，本身就对孩子有着潜移默化的影响。这样既可以培养孩子做事的计划性，也可以引导孩子在大胆地表达自己的想法的同时学会尊重别人的意见，并同时得到别人的尊重。这样，会让全家人对于周末的生活都有所期待，当然，作为成年人，即使是同样贪玩的"坏"父母们，也还是应该把一些可能的意外的因素考虑进来，比如安排了外出活动，却下雨了，安排好一家人逛街，但临时有事等。当计划有变时，父母们应该及时地考虑好相应的处理措施，并且在安排计划时就应该向孩子加以说明，以免当计划有变时影响孩子当天的心情，也避免孩子产生失落的感觉，甚至还会认为父母说话不算数儿。其实，即使安排有所变化，对孩子逐步提高灵活处理事情的能力也是有着积极的影响的。

其次，"坏"父母们还建议周末安排的内容应尽量丰富，并且根据孩子的年龄和实际的能力，可以将周末的活动涉及到学习、家务劳动、外出活动、体能锻炼、娱乐活动等多方多面，全面地丰富孩子的周末生活。同时，对于周末的活动，时间段的安排也是父母们需要注意的问题，比如星期天下午最好不要给孩子安排外出的活动，即使外出也要早点儿回来，以免影响星期一孩子有规律的作息时间。如果是一整天的活动，父母们则要注意动静交替，合理安排，不要让孩子的体力透支，或是完全打乱孩子平日里的作息时间，这样会导致孩子的生物钟出现紊乱，对孩子的身体健康不利。此外，对于学校或老师布置的家庭作业也应该合理安排时间，比如让孩子在周六上午认真完成作业，这样才能更有效率地过好周末等。有计划、有节奏地过好周末的时间，也有助于孩子任务意识的培养。

再次，"坏"父母们的经验之谈是，父母一定要注意让孩子周末在家的作息时间和在学校或幼儿园中的基本相同。比如早上不睡懒觉，晚上不能玩儿得太晚；合理安排孩子的餐点，不让孩子吃太多零食；培养孩子自己能做的事儿尽量自己做，也可以帮着家人做些家务等。这样，孩子在周一回到学校或幼儿园的时候，就能够很好地延续上周的发展轨迹，不断地向好的方面发展。特别是星期天的晚上，是一个关键的时间段，起着承上启下的作用，父母应该让孩子静下心来，比如可以引导孩子整理自己的书籍，检查任务的完成情况，帮助孩子回忆周末怎么过的，看看有没有图片资料可以和老师小朋友交流，培养孩子的语言表达能力等。

此外，"坏"父母们还有一些切实可行的建议，能够丰富父母和孩子在周末的亲子生活，比如，如果父母们喜欢在家中和孩子进行一些亲子活动，就可以选一些孩子平时感兴趣的图书进行亲子阅读，用夸张的语气给孩子大声朗读，并适时地问孩子一些简单的问题，培养孩子热爱读书的习惯是永远不变的硬道理；还可以选择一些适合孩子年龄的DVD或者VCD，陪同孩子一起观看，丰富孩子的知识储备量，同时从影碟故事中学习技巧及常识。此外，陪孩子一起画画儿、做手工、拼图，或者有意识地培养孩子做一些简单的家务，都是比较适合周末在家中做的活动。

以下是"坏"父母们常用到的一些"坏招"，如果家长们更喜欢一些户外的活动，最简单可行的便是父母带着孩子在小区或附近的街心花园中做游戏，比如跳绳儿、踢皮球、一网不捞鱼、放风筝等都是非常经典且有意思的亲子游戏。亲近大自然也是一个非常好的户外活动选择，比如带孩子去远离都市的自然空间里，让孩子听听自然界的鸟鸣、风声、雨声……还可以带孩子去植物园或是郊外观察动植物，到动物园中去观看饲养小动物，或者带孩子去公园里去观察蚂蚁及一些比较常见的生物是如何生存的，培养孩子的爱心和对大自然奇妙世界的认知等。

此外，"坏"父母们还可以趁着周末带孩子去逛商场、逛超市，教孩子去认识商品、培养孩子对金钱的概念，或是带孩子去自己的朋友或亲戚家做客串门，培养孩子大方得体的社交技巧，或者带孩子去看一场儿童剧或儿童电影，听一场音乐会等，都是孩子周末生活的好选择。

197

总之，孩子的周末生活是非常重要的，同时也是父母了解孩子状况，和孩子培养亲子感情的最好机会，建议父母们尽量把周末的时间交给孩子，多陪陪孩子，并且在其中体验孩子成长的快乐。

"坏"父母妙招

1. 父母最好不要安排周末的朋友聚会活动，如果非要安排这样的活动，也建议大家能够都带上自己的孩子，让成年人的聚会成为锻炼小孩子社交能力的好机会。

2. 其实周末的时光很有限，父母们不妨和孩子共同做某件需要长时间完成的事情，比如拼一个一千块图片的拼图，做一套大的模型等，以此来培养亲子关系和共同的兴趣。

第八章
全情付出，"坏"家长的爱也是真诚的

真正的爱，不是管教和唠叨，而是一种发自内心的尊重和理解，另外别忘了，为你的爱留下一些可以捕捉到的"证据"，让它们随时能够温暖孩子的心。

"尊重" 是第一道沟通的桥梁

俗话说："尊重是第一道沟通的桥梁。"在社会上，为人处世应该这样，在家庭中，与孩子沟通则更应该以尊重为前提。"坏"父母们始终认为，尊重孩子，是父母最真诚的爱的表达。在这个社会上，人人需要尊重，当然也包括孩子们。我们要知道的是，每个孩子都是一个独立的个体，要正视他们的存在，理解他们的愿望，看到他们的努力，赞赏他们的"成就"，并鼓励他们敢于维护自己的合法权益。鼓励孩子是对孩子最大的尊重。少年儿童在成长中最关注的问题便是尊重问题，成年人要尊重他们的生存权与发展权。作为当代家庭教育的主要成员，父母们要真正做到"学会尊重，善于沟通"，才能成为优秀的教育者和具有绝对亲和力的父母。

让我们看看下面的例子，这是一位母亲的叙述：

有一次，我在小区的花园里遇到这样一件事情：几个孩子在跳皮筋儿，跳着跳着，其中一个孩子看上去动作不太熟练，显然不是她同伴的对手，被同伴挤兑了几句，可是这个孩子倒没什么反应，正玩儿得起劲，后来他妈妈在一旁却大声吆喝起来，并且还呵斥她："你怎么那么笨呀！跳得太差了，我看就不要跳了。走，跟我回去！"并且伸手就要去拽她孩子，弄得孩子特别尴尬，本来挺高兴的小脸儿一下子就拉了下来，愣愣地站在那儿，我在一边也看不下去了，上前拉住这位母亲并告诉她："你这样当着孩子同伴的面训斥孩子，她会很没面子的。"

看了上面的例子后，让我们再来看看"坏"父母们是怎样做的，他们反对父母在别人前斥责孩子诸如"不争气"、"笨蛋"、"没出息"

这类难听的话，因为这会深深伤害到孩子的自尊心，作为父母，保护孩子脆弱的心灵还来不及，为什么还要去做争先伤害孩子的那个人呢？

尊重孩子，才是父母们真正与孩子建立良好关系的基础。那么，"坏"父母们都是怎样去尊重孩子，让孩子真切地感受到父母的爱呢？

首先，"坏"父母们会努力尊重孩子们应有的权利。比如，孩子有游戏的权利，我们要满足他们游戏的需要，让他们在自由游戏中健康成长；孩子还有自我服务的权利，诸如穿衣服、吃饭这些都是他们必须学会的生存技能，家长不需要也不应该包办代替；孩子们还有选择的权利，成人不可以将自己的意愿强加给他们，而应该让孩子们去根据自己的喜好进行选择。孩子也是独立的个体，父母们要维护他们的权利，要充分相信孩子的能力，放手让他们去做自己应该做的事，尊重孩子的权利，对于他们独立性的培养是有着非常深远的积极影响的。

其次，"坏"父母们提醒大家，尊重孩子的人格尊严，对于大多数父母来说也是需要注意的。不要小瞧了孩子，孩子从一出生就具有人格尊严，不能因为他们小而忽视他们，要杜绝对孩子随意敷衍、盲目指责、任意羞辱的粗暴行为，更不能把儿童当成宠物。许多父母因为平时工作忙，总是有时间了，或是自己心情好了便和孩子玩儿一会儿，还处处要占孩子的上风；心情不好的时候就戏弄孩子，或是拿孩子撒气，这是绝对不可行的，久而久之，孩子会在心中深深地知道你对他的不尊重，从而亲子关系父母与孩子的产生起很难逾越的鸿沟。即使是儿童，也是有人格尊严的，我们要让他们从小受到应有的尊重，在受尊重的环境下成长的孩子才懂得什么是尊重，以及应该如何去尊重他人。

再次，"坏"父母们还非常注重尊重孩子的年龄特点。作为父母，我们必须了解孩子在各个年龄段上的基本特点，并且按照适合他们的方式去养育他们才能是正确的教育。例如，活泼好动是健康儿童的标志，我们应给他们留有充分活动的空间，不能因为自己好静就也要求孩子也得安安静静地坐下来跟你一起看电视或读书；孩子们"不成熟"的特点很突出，所以我们不能苛求他们像成年人那样去认识问题，并且要求他们做力所不能及的事；孩子记得快，忘得也快，我们不能抱怨他们学习不用心等。

最后，作为父母，我们还要尊重每一个孩子的不同个性特点。每一个孩子都是唯一的，鲜明的个性特征也往往是十分突出的，所以我们要尊重每一个孩子的个性，特别要尊重他们之间存在着的差异，避免以所谓"优秀儿童"为榜样进行无谓的比较，千万不要说一些拿孩子与别人比较的话，这些是最刺伤孩子自尊的毒药。要看到不同个性的孩子有自身的特点和优势，我们要学会用欣赏的眼光去赏识每一个孩子，会欣赏自己孩子的父母才是最聪明的父母，因为掌握了孩子的优点和优势，才有可能因材施教，也才能为孩子今后的成才奠定坚实的基础。

父母们需谨记：

1. 父母们要认真听取孩子想要表达的事情，特别是当孩子对你讲话时，不要表现得不耐烦。

2. 每周都要抽出时间和孩子在一起玩乐、聊天；不要因为工作忙而忽视了孩子的存在。

3. 发现每个孩子的闪光之处，学会赏识孩子的才能，并且适当地表扬自己的孩子。

4. 放手让孩子们做他们自己的事情，包括处理小朋友们之间的矛盾。

5. 对孩子也要爱屋及乌，爱孩子之所爱，不要认为孩子的世界太幼稚，更不要担心别人说你不成熟。

6. 父母应当鼓励孩子要有自己的看法和观点，不要在孩子没有尝试之前就告诉他们什么是对的，应该怎样做，而要给孩子尝试的权利，那样会使他们有成就感。

7. 允许孩子有自己的隐私，不要以种种理由翻看孩子的日记本、抽屉、QQ聊天记录和电子邮件等。

8. 父母不要随便打断孩子没说完的话，要对孩子有耐心，甚至有时候要尽量听取孩子的意见，不管对与错，都要给予孩子表达的权利。

　　说到底，"坏"父母们大都在很早就明白，"学会尊重"是"善于沟通"的首要前提，只有学会了对孩子尊重，孩子才会有意愿对父母敞开心扉，试想，谁愿意与根本连自己的话听都不听的人沟通呢？但学会尊重并不意味着就会沟通，与孩子沟通也还是是需要一定的技巧和能力的。"坏"父母们认为，家长首先应该以平等的态度与孩子进行沟通，为孩子提供可信赖、无拘无束的交流环境，要学会倾听，学会接纳孩子的观点，尽可能地从孩子的角度来考虑问题，不要轻易否定孩子的想法，要让孩子充分地表达。其次，在沟通过程中，父母要尽量捕捉和关注孩子的兴趣点，利用这一点引起孩子谈话的兴趣，这样才能让孩子与自己尽可能多地交流观点。在沟通中，家长还应注意自己的语言艺术，避免空洞的说教，要尽量让自己的语言生动形象、通俗易懂，甚至还可以用一些孩子们感兴趣的流行用语等。

"坏"父母妙招

　　1. 父母千万不要私自看孩子的日记本，或是信件、电脑邮件、聊天记录等，事实证明，这种做法不但没有丝毫的作用，还是不尊重孩子隐私的"第一宗罪"，有这样做法的父母似乎都很难翻身，再管教孩子就没有底气了。

　　2. 孩子有一个对隐私非常敏感的时期——青春期，所以聪明的父母不会在这一阶段去过多地干涉孩子的感情世界，学会从侧面多加以引导就可以了。

送给孩子一本书

伟大的俄国文学家高尔基曾经说过:"书籍是人类进步的阶梯"。书对于每一个人的成长来说都是至关重要的,书籍,是一个人智慧的来源,也是一个人开阔眼界最简单的方式。而对于孩子们来说,在漫漫的学习道路上,养成良好的读书习惯,对他们的成长有着非常大的帮助的。俗话说"走不尽的天下路,读不完的天下书"。父母们应该尽早地意识到,书是无价之宝,也是我们送给孩子最好的礼物。"坏"父母如果既想多些时间休闲,又想加强对孩子的教育培养,那么帮助孩子养成以书为伴的习惯,一定可以让自己省下一大把的力气。

一位女作家在回忆自己是如何爱上写作时曾经感慨万千地说道:"我要感谢我的妈妈,在我很小的时候,妈妈送给我的第一份贵重的礼物,就是一整套经过改编的世界名著精选,当时,那套包装非常华丽的书价格非常贵,可是,书对于我有着非常大的吸引力,我的妈妈便毫不犹豫地为我买了下来,并且鼓励我利用课余时间多多阅读,从此我便爱上了文学。"

正如上面这位女作家所说,送给孩子一本书,是父母真诚的爱的表达。那么,在"坏"父母们眼中,多读书对于孩子来说都有哪些益处呢?

读书首先便能够增加孩子的识字量,并且使一些美好的词汇在孩子的小脑瓜中留下深刻的印象,让孩子能够更好地掌握优美的语感。其次,读书可以锻炼孩子的记忆力以及阅读理解方面的能力。并且,读书还扩大了孩子的知识面。特别是一些含有丰富知识内容的课外书,各方面的知识都有，对于孩子们来说比课本要有趣多了，孩子读得多了，知识面自然也就开阔了。再次，读书对孩子在写作方面的提高更是益处多多。书读得多了，词汇量也有所增加，还会把书中一些好的词语，句子运用到自己的文章中，从而提高了写作水平。还有，读书还能提高孩子的注意力，让孩子对某件事情的关注时间增长，这些都有助于孩子学习效率的提高。最后，读书还可能对孩子的行为有着良好的影响。比如孩子在书中能够学会一些应有的为人处世的方式，或是言谈话语，书能够让孩子知道什么样的举止是受到欢迎的，而什么情况下人们又会做出怎样的反应，从而让孩子也对于自己的行为加以关注。

一位老师曾经做过这样一个统计，小学六年，语文共12册教材，每册教材的课文一般不超过30篇，每篇平均800字，那么无论哪一套教材，学生如果只读课本，那么他的阅读量仅仅只有不到30万字，而30万字是什么概念？千万不要以为这是多大的阅读量，一套《格林童话全集》，上下两册，就有大约30万字。而这样的一套童话书，一个小学生或许用不到一个月就可以读完了。所以，让孩子们多读一些课外书籍是非常必要的，父母们千万不要只把孩子的阅读范围固定在课本中，而忽视了课外书给予孩子的另一片广阔的天空。

古人说得好："书中自有黄金屋，书中自有颜如玉。"意思便是书中什么都有，读书多了就什么都能拥有，什么都能知道。曾经有不少教育专家都呼吁父母和老师让孩子"每天读书半小时"，让父母、老师和孩子能够通过读书建立起一座共同沟通和进步的桥梁。话又说回来，其实在现实生活中，也并不是每个孩子都喜欢阅读的，但阅读确实成长必需的养料，所以，"坏"父母们认为，不但应该鼓励孩子阅读，给孩子的阅读创造条件，还要引导孩子去喜爱上阅读。

首先，"坏"父母们建议家长要在培养孩子阅读兴趣上下一些工夫。我们天天在倡导大量阅读，但问题是，有许多孩子宁可想方设法玩儿会儿游戏，看会儿电视，或者自己鼓捣一下玩具，也不愿意拿起充满智慧的书本。即便学校图书室里有形形色色的书，即便家长花了大量的钱购买了家庭图书，孩子不喜欢看书依然是个令人头疼的问题。在这一方面，父母们不妨利用一下孩子们宝贵的童心，给他们讲一些有意思的故事，并且带领他们用身临其境的方式，激发孩子们的阅读热情。这种做法不必常用，有时一次成功愉悦的体验，就会对孩子产生深远的影响。引导孩子们先从一些图画书读起，也是个不错的方法，其实有很大一部分孩子很喜欢阅读漫画，大人们却总觉得漫画不是图书，对孩子们起不到良好的影响，但其实这种做法是错误的，漫画中虽然孩子们可能学不到太多优美的语句，却依然能够学习到许多在课本中学不到的知识，并且还能够充分调动起孩子的阅读兴趣。所以，只要是适度的、健康的漫画作品，父母们也是可以鼓励孩子进行阅读的。

其次，父母还要教给孩子好的读书方法。"坏"父母们都能意识到，授人以鱼，不如授人以渔，也正是这个道理。好的阅读方法能够有效地提高孩子的阅读质量，只有阅读质量提高了，孩子才能真正从阅读中获益，品味到读书所带来的乐趣。平时我们有这样的感受，有时孩子也想看书，但只局限于情节的生动，专拣一些吸引眼球的章节，大致翻阅而已。读后的收获，除了满足了好奇心以外，便所剩无几了。对于这种现象，家长们不要着急，而是要学会引导孩子去进行深入的阅读。就一篇文章来说，教孩子阅读应该让孩子一步步按着一定的步骤去读，要让孩子有时间思考，让孩子边读边想，作者到底想告诉我们什么？父母千万不要把自己的想法强加给孩子，而是应该鼓励孩子通过阅读产生自己的想法，再带着疑问到书中去寻求答案。"坏"父母们的"坏招"是，父母引导孩子正确地进行阅读，对于一整本书的阅读，父母自己就要先读上几遍，再让孩子循序渐进地进行精读，不要一上来便指责孩子不认真，比如一本书如果孩子很快就读完了，但如果父母能够说出一些孩子在粗读时没有留意到的有意思的情节，那么孩子肯定会有兴趣再拿起这本书来重读一遍，久而久之，孩子便能养成认真阅读的习惯。

阅读，可以打开孩子的视野，促进孩子的想象与心智的成长，启发孩子的潜质，激发了孩子"举一反三"的能力。让孩子打开书，就等于让孩子找到了开启世界的钥匙。所以，"坏"父母们将书视为无价的珍宝，作为父母，书是一份饱含着期望和爱的礼物，而从小培养起的良好的阅读习惯，会将丰富孩子的人生。

"坏"父母妙招

1. 父母可以在孩子面前定期整理自己的书柜，告诉孩子哪些书他们长大了可以读，从小便在孩子心中种下好奇的种子，激发孩子对读书的渴望。

2. 父母不要阻止孩子看漫画书或者连环画，可以将一套完整的漫画作为送给孩子的礼物，想必孩子会感到非常高兴。

不怕你的"为什么"

有人说，人跟动物的根本区别除了会制造和使用工具，还有一个就是人会问"为什么"，而动物则不会。幼小的动物只会模仿成年的动物，从而锻炼出自己的生存技能，很少开拓或创新，比的往往是谁在种族中更强壮，但小孩子从牙牙学语时便会不住嘴地问"为什么，为什么"。人类社会发展至今，就像牛顿看到苹果落地从而发现了万有引力一样，是由无数的"为什么"在推动着科技的发展，所以，孩子的"为什么"就是未来发展的前提，"坏"父母们不但不会对孩子的"为什么"感到困扰，反而还应该鼓励孩子多问多想。

家长们都可能碰到过这样的情况：孩子随着年龄的增长、知识领域的扩大，常常会向你提出各种各样的问题，涉及的面很广。有的离奇、有的可笑、有的让大人无从答起，有的更是连大人都回答不了……面对这么多的"为什么"，做父母的通常有三种态度：一种是婉言相劝，"你还小，将来长大了，读了书就懂了，不要问了"。另一种是粗暴拒绝，"小孩不懂事，别老瞎问"。第三种态度是耐心地听孩子的问题，然后细细解答，循循善诱，解答完了还要问孩子："懂了没有，还有什么问题要问的？"很显然，第三种态度才是正确的，也才是"坏"父母们通常的做法。第一种家长的回答，尽管并不粗暴，但却很武断，孩子是不会满意的，心中的疑团也不能解开；第二种家长的态度更是错误的，他们的态度往往会扑火孩子心中好奇的火苗儿，阻碍孩子智力的正常发展，不利于孩子的心理健康；第三种家长不仅回答了孩子的提问，满足了孩子的求知欲，而且还能培养孩子提出问题的能力。

还有很多家庭里会出现这样的情况：

大人们在谈论某一个问题时，孩子也凑过来，先是睁着两只眼睛边看成人的表情，边听讲话内容，随后便会不明所以地插进来和成人一起讲。尤其是喜欢在爸爸、妈妈讲话时插进来发言。有的父母对孩子插嘴很讨厌，采取粗暴的态度，责备孩子"不用你多嘴"或"大人说话小孩儿别插嘴"等。或者是孩子对大人们说的话似懂非懂，便常常当着别人的面问父母这个为什么，那个为什么，很多父母回答不了，或是觉得孩子的问题很丢人，常常训斥孩子"哪儿来那么多为什么？""回你自己屋去"，等等。

但很多"坏"父母却和上面的例子大相径庭，他们认为，其实孩子喜欢"多嘴"或是问"为什么"，是孩子智力发展比较快的标志，说明孩子已经部分理解了成人的讲话内容，关心成人之间的事情，是孩子热爱生活，渴望进入社会、探求社会奥秘的表现。在这个时候，聪明的父母应当尊重孩子，把他们也看成是家庭的一员，有意识地和孩子讨论问题，进行一些开导和鼓励，引导孩子从似懂非懂的"插嘴"到能够正常有序地进行有意义的谈话，这样才能最终使孩子受益。如果是不需要孩子知道的事情，那么家长首先应该在孩子不在或是不会影响到孩子的情况下再进行探讨，千万不要因为父母自己没考虑周全而粗暴地打断孩子的提问，这样只会让孩子形成畏缩的个性，影响他们活泼开朗外向性格的发展。

"坏"父母们都非常明白，孩子的好问为什么，其实是非常难能可贵的。因为好奇，孩子才会好问。好问是孩子心理发展的表现之一，好问是孩子聪明和好学的表现。当孩子对某一事物好奇而提出问题时，父母首先要持欢迎、鼓励的态度，耐心地回答孩子的问题。有条件的话，父母还可以引导孩子观察这一类事物，尽量扩大孩子的视野；边观察，边回答孩子的问题，并不断启发孩子提出新的问题。这个过程是非常有益于孩子增长知识的。随着孩子年龄的增长，父母应在和孩子"问"和"答"的交谈中，逐步鼓励孩子，让他们不断地发现问题和提出问题，同时，也应培养他自己解决问题的兴趣。

那么，"坏"父母们对待孩子的问题，都应该采取怎样的做法呢？

首先，"坏"父母们是不会嘲笑孩子的问题的，因为一旦受到嘲笑，就会挫伤孩子发问的积极性。当孩子天真地问你，"天空为什么是蓝色的？""小鸟为什么会飞呢？"……你可能会觉得非常好笑，但仔细想想，要回答这些问题也并不是那么容易，所以父母千万不要因为孩子的问题太过简单而忽视了这些源自孩子内心的感情。父母先要接受孩子对于事物的惊讶情感，这是非常必要的。当然，孩子天真无邪的问题，的确让人觉得好笑。不过，父母不能真的对于孩子的问题一笑带过，轻视或嘲笑孩子的问题，这会扼制孩子发问的意愿。如果无法让孩子得到满意的答案，这时父母也可以非常认真地告诉孩子："我再去查一查。"这么一来，孩子会因此而受到激励，会想再发问。父母的这种态度能够让孩子的创造性得以发展，更能启迪他们的智慧，刺激好奇心。另外父母还要考虑到的是，发问问题的背景。有时候孩子是因为某个因素的触

第八章／全情付出，"坏"家长的爱也是真诚的

209

动才想到了另一个问题,所以在考虑如何回答孩子的问题时,要尽量结合孩子发问的背景,这样给出的答案也更容易被孩子理解和接受,回答也才是有效的。

其次,"坏"父母们虽然并不一定博学,但却知道父母千万不能漠视、回避孩子所问的问题,如果漠视、回避孩子所问的问题,最直接的后果便是会使孩子的情绪不稳定。处于喜欢提问时期的孩子,有时候的确很难应付,问题也千奇百怪,而恰恰此时是孩子智力发展最快、最重要的时期。他们有时之所以发问,只是想要和父母亲沟通一下而已。这时期的孩子充满了智慧的好奇心,对于周围的事物都充满了兴趣,自然会产生很多的疑问。在这一时期的孩子几乎会问任何方面的问题,父母们应感到欣喜,因为这正是孩子思想和智力萌芽的表现。就好像树苗在成长为参天大树以前,需要充分地施肥、浇水,否则会变得非常瘦弱。因此,在其成长的过程中,如果没有充分补充养分,就会贻误良机。而一旦错过,则无法重新开始。对于孩子,在这一时期父母则起到了重要的培养作用。父母一定要确实把握好他们的智力发展的萌芽的时期,适当地予以应对,才能够培养出充满好奇心和学习愿望的孩子。因此,切勿漠视、回避孩子所提出的问题,而要尽可能诚恳、诚实地回答孩子的问题。

再次,"坏"父母们提醒大家,父母要注意在孩子提问后马上回答孩子所发问的问题,这也是非常重要的。调查显示,通常孩子对于一件事的热情,只能够维持15至30分钟左右,提问题的时候也是如此,孩子会对当时具有强烈印象的事物来发问。所以如果父母不能够及时回答孩子的问题,时候久了,孩子就会忘了先前所问的问题,即使事后再回答,也不会有当时马上回答的效果强烈,因此,马上回答是非常重要的。此外,如果孩子在发问后经常都无法得到父母及时的回答,他们就会形成"问了也没用"之类的想法,于是就不再发问了。养成这种习惯以后,孩子会变成不会产生疑问、没有发问愿望的孩子,因此,父母要注意即使是当时难以回答的问题，也要在事后尽快地给予孩子回答。孩子所发问的问题，有时候只是出于好奇心的发问，有时候是出于情绪上的原因，甚至有时候还涵盖了这两方面的原因，所以父母亲必须要马上回答孩子所发问的任何问题。

再次，针对孩子提出的问题，"坏"父母们都能够有所甄别，并且建议父母们最好能够依据孩子的智力发展，给予他们能够理解范围内的回答。对于孩子的一些问题，有时，父母会在自己所了解的范围内来回答，但和孩子所问的问题稍有出入，或是说了孩子不明白，那等于是没有回答，是没有意义的，也无法使孩子的智力得到发展。因此，父母应尽量在回答孩子的问题时运用孩子能够理解的语言，有时也可以借助故事或图画来加以说明，这都是非常有帮助的。

最后，当孩子提出的问题父母实在难以说明和作答时，"坏"父母们建议家长能够及时地查阅相关书籍，父母要做到和孩子一起学习，尤其是关于科学方面的问题，父母们千万不要不予理睬，而是一定要细心地对孩子进行在孩子理解能力范围内的讲解，这样才能让孩子有所收获。

"坏"父母妙招

1. 父母在日常生活中也可以多向孩子问一些"为什么"，并不一定是真的要向孩子询问，但可以作为一种对孩子变相的小测试，当孩子的回答非常正确时，孩子自己也能收获到成就感。

2. 当孩子的"为什么"让父母感到尴尬，特别是在有许多外人在场、父母实在不好当着别人作答的时候，不妨用缓和的语气把孩子叫到一边，再向孩子说明其中的道理，而千万不要当面阻止孩子。

不攀比，不伤害

往往不当的攀比，总会带来或多或少的伤害，无论是对别人还是对自己。父母喜欢拿自己的孩子和别人的孩子攀比，虽然可能最初的动机是希望孩子能够受到一定程度的"刺激"，从而奋发图强，但现实却是，攀比不但容易给自己弄得"一肚子不甘"，还会对孩子弱小的心灵造成伤害，可谓是有百害而无一利。让我们来听听下面这个初中生的话：

我经常都不知道自己在想什么，也不知道自己想要什么？好像从记事起，我的爸爸妈妈就不断地拿别人和我比较，尤其在每次开完家长会后，他们总会不断地唠唠叨叨，说别人怎么怎么好，我怎么怎么不如别人。我时常想，他们既然认为别人好，就让别人做他们的儿子好了。再说，我不是不想学好，我也在努力，可为什么我的成绩他们都看不到呢？我甚至都不想再待在家里了，我讨厌任何人。为什么他们都不能了解我呢……

看了上面这段话，想必许多父母都意识到了攀比会给孩子造成不小的伤害，但父母们往往也有父母的苦恼，父母们总是认为，自己的孩子不比别人的孩子差在哪儿，怎么别人孩子能行的事，为什么自己的孩子就不行呢？许多父母们甚至觉得自己并没拿那些伟人来和孩子比，自己也知道那样就太不现实了，只是和孩子身边的同龄人比，和普通人来对比，大家都是头脑健全的人，如果自己的孩子总是不行，那就认为是孩子的努力还不够。但第一名只有一个，父母们是不是有时太过苛求了呢？不要对子女有不切实际的过分期望，如果总是要求孩子处处表现得优秀和突出，不但达不到激励教育的结果，这种教育方法反而容易使孩子产生挫败感，不利于培养孩子的自信心。甚至久而久之，会造成孩子在成长中遇到困难就会恐慌、退缩，对孩子的心理造成伤害。

对此，许多"坏"父母们都在为家长们的攀比习惯寻找着更为适当的方式，其实也并不是攀比就一定完全不对，只是比什么，怎么个比法，是非常有讲究的。在社会心理学家看来，比较在一个人的心理发展上具有两种重要功能：一是认识自己，人都是在与其他人的交往过程中认识自己的，所以，每个人都是以他人为"镜"从而建立自我的评定系统；二是确立目标，人都需要在与其他人的比较过程中找到自己的人生目标和努力方向，这一点对于心智还不完全成熟的孩子也非常实用。然而，"坏"父母们认为，不论是认识自己，还是确立目标，参照群体的作用都是十分重大的。所谓参照群体，就是人们在心理上用来作为参照系的那些人。而如何正确地确立一个优秀的参照群体，才是父母能否成功教育的关键。

为此，"坏"父母们为避免父母们迷失在盲目的攀比中，建议父母进行以下三个方面的比较。首先是比理想。理想对于个人和社会都极其重要。一个人要想开发自己的潜能，成长为有用之才，就不能没有理想。比理想可以促进孩子树立积极伟大的目标，加强孩子的社会责任感和使命感，有助于孩子发展成为对社会有贡献的人。第二，比教养。我们处在的信息时代、学习型社会，尤其应该重视教养的重要性。教养就好比一个人的学历一样，是未来发展的基石和敲门砖，对一个人的发展也起着至关重要的作用，所以，适当地在教养方面对孩子进行比较和提升是非常有必要的。最后，比专业技能。随着现代社会分工越来越细化，对不同职业岗位上的人的知识和技能的要求也越来越专门化。职业道德尤其敬业精神的培养，可以使一个人在专业岗位上扮演好特定的角色，所以，孩子最终的发展是由他所从事的领域的专业技能来决定的，作为父母，不能一概而论地拿孩子跟别人比较，而是应该注重培养孩子

213

成为某一个领域中的佼佼者。此外"坏"父母们还特别提醒广大家长，不论是在哪个方面进行比较，都应该选择一个高水准的参照群体，这样才能起到良好的榜样作用。

其实，家长们喜欢拿孩子同别人比较，无疑是想要激励孩子多多努力，尽量向好的榜样学习，取得更大的进步。自古以来，"见贤思齐"的教诲也正是此意，所以，"坏"父母们在这一方面的妙招是教育孩子把"努力改变自己"作为正确的指导思想。教育孩子多看看别人的长处，一个孩子如果能经常这样去想问题，嫉妒心理就会慢慢打消，就会客观地自我评价，同时客观地评价别人。那么，在孩子不断进步的过程中，作为父母，应该怎样更好地表达自己真诚的爱呢？

首先，"坏"父母们觉得，父母应提供尽可能的条件让孩子显示出能力来。其实这并不复杂，父母们只需做到无论在外面还是在家里，应当注意孩子的兴趣变化，根据"先天配备"，适当合理地增加"软件支持"。一旦确定了孩子的长处，父母也要给予一定的强度和压力，让孩子学会持之以恒，慢慢的，在特长的培育中，孩子可以确立自信"我有与众不同之处"，这对于孩子的成长能起到非常积极的作用。

其次，"坏"父母们都会天真地相信，自己的孩子永远是最好的，并且时刻要求自己坚信下去。很多父母望子成龙的心太过迫切，他们似乎容忍不了孩子的暂时落后，或者一般的成绩，往往把自己急躁的心情压迫在孩子身上，但这样做常常会适得其反，所以，聪明的父母要学会欣赏孩子，应该感觉你的孩子永远是最好的、最优秀的。学会多想想孩子的好处，感谢孩子给家庭带来的幸福和快乐，尽量少责骂或批评孩子，多给予他们赏识与鼓励，他们才会有信心继续前边的人生路，最终获得精彩的人生。

最后，"坏"父母们还一定要学会用欣赏的眼光来看待孩子，让我们来看看下面的例子说明了什么：

一次，几十个中国与外国的孩子一起进行某项测验，测验后的分数让孩子分别拿回家给各自的父母看，结果中国的父母看了孩子的成绩后，有80%表示不满意，而外国的父母则有80%表示满意。而实际成绩又是怎样的呢？实际上，外国孩子的成绩还不如中国孩子。

这件事情说明许多的父母习惯用挑剔的眼光来看待孩子，而"坏"父母们则不然，他们习惯用欣赏的眼光看待自己的孩子。所以，父母们用欣赏的眼光去看待孩子，并教会孩子去发现别人的长处，真诚赞赏他人这些才是最重要的。"坏"父母们一再提醒大家，作为家长，我们千万别拿自己孩子的缺点和别人孩子的优点比，如果你经常这样，那你的孩子将永远不如别人。要正确地认识自己的孩子，善于发现孩子的特长与闪光点，欣赏孩子的长处，接纳孩子的短处。这样才能让孩子感受到父母的支持和爱护。

"坏"父母妙招

1. 攀比的结果往往是越比越差，特别是对于有叛逆心理的孩子，如果家长一味地攀比，只会让孩子产生逆反情绪，甚至怀疑父母对自己的爱。因此，父母不但不应攀比，还要尽可能地回避与攀比有关的其他话题。

2. 父母要善于了解孩子的脾气秉性，其实大部分处于敏感期的孩子都是"顺毛驴儿"，父母应该多对他们进行赞扬，比如想让他们做什么就要说他们在这个方面做得特别好，值得别人学习，这样孩子才能有激情去做你希望他做的事。

认真对待孩子提出的个人看法和要求

在教子的过程中，"坏"父母们通常有着自己的一套方法对待孩子提出的要求，他们往往不过于溺爱孩子，敢于对孩子说"不"，但也不忽视孩子的权利，对于孩子提出的个人看法和要求，往往认真对待，正确地处理和解决。

其实，对于孩子提出的要求，父母应采取什么态度，这并不是一个小问题。许多父母都感到过为难，认为这个"度"不太好掌握，有时候真的不知道该不该答应孩子。孩子提出要求，大多是与吃、喝、穿、玩儿有关的，面对这些要求家长既不能置之不理，更不能有求必应，无论是走哪一种极端，这样做都会不利于孩子的健康发展。比如关于吃与喝的问题，父母们会认为吃喝一事主要是要符合生长发育的需要，不能任意让孩子挑选，要求荤素搭配，防止偏食，少吃零食，要保证主食的养分，孩子不能把挑食的要求看成是理所当然的，父母也一般不会允许孩子养成挑食的习惯。因此孩子提出的要求，不应什么都满足，应有所节制。再如穿和玩儿，父母们普遍认为，要从有利于智力和体格发育的角度出发，既要注意适用性，又要考虑年龄的特点，还需注意节约，脱离这些原则是不应随便答应的，并不是所有穿和玩儿的要求都能答应，要执行否多应少的政策。

对孩子提出的要求应考虑后决定，不能什么都答应，也不能什么都不满足孩子的要求。所以"坏"父母们的态度是：对孩子提出的合理的、又有利于健康成长的要求，父母应该尽量让孩子得到满足；而对于那些任性的、相反的要求则不能过于迁就，但父母一定要在拒绝了孩子的要求后，向孩子耐心地讲清其中的道理。"坏"父母们认为，家长要想锻炼孩子学会提出正当合理的要求的能力,首先要使孩子的头脑中形成一种概念,那就是什么事情要想得到满足,必须先要通过自身的一定努力才行。没有付出就不会得到收获,家长要满足孩子的要求,也应该抱有一定的原则才行,否则的话,无原则地满足孩子提出的一切要求,培养出来的孩子一定是没有经历过风雨的娇嫩花朵,或是社会的寄生虫。

通常,"坏"父母们有着一定的标准和原则,对有利于孩子增长知识、培养兴趣爱好、锻炼身体方面的正当要求,父母应该积极支持,尽量予以满足。孩子的有些合理要求即使经济等条件不具备,父母即使暂时不能满足,也应耐心说明道理,不要断然拒绝,要告诉孩子实际的状况,以免挫伤了孩子要求上进的积极性。在这里父母们通常有一个误区,有的家长只重视满足孩子在学习上购买图书、添置文具的要求,而对课外活动的一些要求因怕影响孩子学习而不支持,总是采取反对的态度,其实这是一种狭隘的观念,是不对的,也是不利于孩子成长的。正如英国谚语所说:"只是学习不玩耍,聪明孩子也变傻。"此外,父母也应该正确对待孩子提出的某些使大人不放心的要求。例如,大一点的孩子提出结伴去郊外旅游,或在老师的带领下去登山等,家长出于安全考虑,可能会想要拒绝,但这样会使孩子的情绪受挫,感到非常失望或不开心,所以正确的态度是,聪明的父母应该借此机会让孩子锻炼一下,积极帮助孩子安排好活动,严密防范可能发生的意外情况;如果孩子的确太小了,或者要去做的事情刚还是孩子的弱项,的确一时做不到,父母就应对孩子讲明道理,好言劝阻,这样才有利于保护孩子的积极性,对孩子的成长会有很大的帮助。

对待孩子提出的那类可满足可不满足的要求,充分"坏"起来,这一直是"坏"父母们的首要原则,不要轻易满足孩子的要求。这样,既能防止孩子产生过强的物质欲望,又有利于培养孩子的自控能力。对待孩子的一些合理要求,如果父母已经答应了,可是实际情况却发生了变化,比如想买的东西卖光了,造成父母的许诺一时无法兑现,此时,父母应该有意识地使孩子明白并不是父母言而无信，要告诉孩子许诺依然有效，并且带孩子时刻密切关注，等一到了货就兑现孩子的要求。对待孩子的某些要求，特别是以审美性、探索性为特征的，如制作、实验、创造等高层次要求，父母应在答应的同时，采用引导、激励等方法，让孩子自己动手去实现。这样可以激发孩子的自豪感、幸福感、自信心和勇于克服困难的意志品质，更有利于孩子健康成长。

孩子年龄比较小，通常很难弄分出什么要求是合理的，什么又是不合理的，因此孩子容易提出一些不合理的要求，面对这些要求，父母们也就需要掌握如何处理孩子的不合理要求的技巧和能力。

面对孩子的不合理要求，"坏"父母们也会表现出严肃的一面，他们认为首先父母必须态度明确地加以拒绝，让孩子意识到没有协商的余地，并且留下深刻的印象。如天气还很冷，孩子就提出要穿短裙出去玩；已经到了动物园关门时间，孩子仍不肯离开；孩子无休止地要求给他买某一样零食等。如果家长无原则地满足孩子的要求，那只会使孩子的"胃口"越来越大，变得任性、霸道而无自制力。家长必须让孩子明白，如果自己的要求为客观条件所不许，就必须放弃和节制，明白这一点，对孩子今后的人生道路是大有裨益的。其次，在一个家庭中，家长的态度一定要保持一致。如果父母双方的态度不一致，孩子就会利用矛盾钻空子，以达到满足自己不合理要求的目的。对于孩子的无理要求，家庭成员要互相配合，口径一致，不让孩子有机可乘。另外，"坏"父母们还提醒，在拒绝孩子无理要求时，家长要注意方式，最好不要挫伤孩子的情绪，不要伤害孩子的自尊心。

"坏"父母妙招

1. 父母如果想在孩子心中树立自己亲切的形象，不妨在孩子提出某个其实并不很上心的提议或看法时，父母表现得非常重视，这样不但能让孩子觉得父母认真对待自己，还能让孩子在以后提要求时也能慎重考虑。

2. 家长要保证一诺千金，并且要告诉孩子，对自己说出的话负责任。

拍摄孩子的成长轨迹

如今，越来越多的父母开始意识到，定期记录孩子的成长轨迹，是非常有意义的，也是父母对孩子真诚、深切的爱的表达和体现。"坏"父母们会把孩子每一段时间的不同成长记录下来，经常和孩子一起分享，甚至有些"坏"父母还会坏坏地说："把孩子小时候干的糗事记录下来，等到他们长大了以后一起娱乐，到时候一定要看看他们有怎样的感想，说不定他们自己都会捧着肚子哈哈大笑呢。"

一位女青年企业家在回忆起自己已故的母亲时说："虽然我的妈妈现在不在了，但我始终觉得她的爱在我身边，因为妈妈给我留下了一整套我从小到大的相册，每一张都记录着我成长中的一个进步，每当我翻开这本相册，就能感受到妈妈从小到大给予我的关爱，并且我也要在今后给我的孩子做这样的成长轨迹的记录，现在的形式更多了，我要用相片、视频等各种方式记录下一个小生命的成长，这实在太有意义了。"

对于孩子们来说，一本记录成长轨迹的相册是来自父母的爱，对于父母们来说，一本这样的成长轨迹的记录，也能让父母们回忆起美好的往事和岁月。

一位妈妈从自己的宝宝出生开始，便每个月都为宝宝拍一张生活照，她拿着一本厚厚的相册幸福地说："看着这本相册中的每张照片，我都可以观察到宝宝平常的表现和爱好，比如能看出他是更爱跑爱跳，还是更爱画画和搭积木？他是像运动员一样勇敢无畏，还是不太愿意尝试新事物？我觉得这些记录能帮助父母们了解孩子的个性。并且可以留给父母们一份永恒的回忆，记录孩子成长的瞬间。"

目前，有很多父母都听说过成长档案，也有越来越多的父母开始重视成长档案的记录与收集，所谓成长档案，即描述幼儿成长与发展的过程的记录。成长档案中不仅仅收集着孩子各种成长时期的照片等，还可以用来收集孩子不同时期的作品、父母及教师的观察记录、照片、影像资料等，这些可以为家长提供关于孩子的成长与发展的丰富的信息。

成长档案的创建，可以有效地动态评估幼儿的发展水平。孩子在各个领域的发展水平有没有进步，是否达到了规定或预期的发展目标，存在的优势和不足到底有哪些，这些其实都需要用科学、合理的方式来进行更有效的评估。传统的评估多使用测验、核查表、问卷等方式，尽管使用起来比较方便，但它们只重结果而忽视过程，而成长档案的使用，可以将孩子的各种作品和相关资料收集和积累起来，为孩子发展水平的评估提供全面、丰富、生动的信息。因此成长档案中收集的应该是孩子自发的真实的作品。

许多"坏"父母就是这种成长档案忠实的执行者，他们认为，成长档案的存在，一个最为重要的意义便是能让父母们分享孩子的成长过程。当闲暇时与家人一起翻阅起孩子的成长档案，那些发生在照片中、文字中的故事便会栩栩如生地展现在每个人的眼前，对照孩子的今天，父母们最常的感慨就是孩子长得好快呀，进步真大呀等等，的确，档案中的一字一句都凝聚着父母们对孩子成长的发现和思考，这些记载也蕴涵着父母对孩子深厚的情感。应该说，制作成长档案，对于父母们来说最大的收获是能够和孩子一起成长、共同分享着成长的每一天，再过一天，今天的记录又会变成孩子成长历程中的片段，等时间过去了，父母们还可以骄傲、自豪地对孩子们说："在你们的成长中，也有爸爸妈妈成长的足迹。"

那么，"坏"父母们都应该如何建立孩子的成长档案呢？选择成长档案的内容是至关重要的，一般说来，成长档案收集的内容可以覆盖孩子的身体、动作、认知、语言、情感及社会能力等多个发展领域，而其具体形式更是丰富多样。首先，幼儿的作品一定要入选，所谓作品主要是指孩子的美工作品和口述记录、录音片段等。这类口述记录呈现了孩子语言表达能力的变化，记录了孩子的想法、感情和进步。父母们应该长时间持续地收集孩子的口述记录，并记录背景资料。

其次，"坏"父母们还会特别注重收集孩子的一些文字记录。如父母与孩子讨论最近读过的一本书或玩过的一个游戏，提出的非正式问题，引导孩子记录下来对于阅读和游戏的感想和评论。这些记录能够有效地记下孩子的想法和需求等信息，能够让家长了解孩子的需求，并且及时地给予孩子相应的反馈。还有观察记录可以包括孩子的系统化记录和趣闻逸事记录，前者主要记录的是孩子在预定目标上的进步情况，而后者则是孩子自发性行为的记录，它与系统化记录不同的是，并没有经过事先设计，而是及时捕捉一些有趣的事件，有心的父母还可以为这些记录配上照片，让记录显得更加生动。

再次，"坏"父母们都知道，影像资料自然是必不可少的，影像资料主要是指照片、录音带和摄像带。它们能提供孩子成长与发展的丰富信息，并且对促进家庭的参与有很大帮助。如一份有孩子讲述故事、大声朗读自己的故事、练习唱歌的录音带，或是一份孩子参加演出的录像带等，对孩子和家长来说，都是非常有力的孩子成长和发展的证据。家长应该经常为孩子和他们的活动照相或摄像，拍摄的时候，要简短记录所拍的内容要注意记录下日期、场所、幼儿的姓名以及每一个场景的特殊地方。

最后,"坏"父母的"坏"是连孩子所参与的各种测验和调查的结果也可以放入孩子的成长档案之中,主要可以放一些正式的或非正式的调查表、检测表。如孩子在某个特长班的情况调查表、幼儿健康状况调查表、孩子学习情况调查表等。这些调查表都能帮助父母们迅速了解孩子的情况,并且还能比较量化地掌握孩子的成长。

那么,父母可以采用怎样的方式来收集成长档案中所需的这些材料呢?以下"坏"父母们提供给大家一些记录孩子成长和进步的好方法:父母可以每隔几个月让孩子靠着家里的墙量量身高,划线标记孩子的身高,并写下测量日期。要是怕把墙弄脏,不妨在墙上贴一张大纸或可爱的标尺;每个月的第一天,父母可以用摄像机把孩子玩耍的情形录制下来,注意始终都使用同一盘带子,这样等到孩子下次过生日的时候,父母们就能用绝妙的方式,回放孩子过去一年的时光了,并且还可以搞一场家庭的小型影片首映礼;父母们还可以准备一个大文件夹,保存几张自己最喜欢的孩子的画,一定要标上日期。如果你能挑选一个质量好的文件夹,并且定期整理,应该能在孩子的童年期一直用下去,等到了多年以后,就可以为孩子开"画展"或"作品展",让孩子骄傲地展示自己的成绩和进步。

"坏"父母妙招

1. 专门准备出一个空相册,为孩子每半年留一张在照相馆照的相片,让孩子长大以后可以有切实的影像记忆。

2. 尽量地记录下来孩子的每个第一次,如第一次登台表演、第一次出外郊游、第一次做家务等,给孩子留下一份成长的印记。

孩子，告诉你我的秘密

曾经有一位日本作家在书中提及过关于幸福的感想，他记录道："幸福越是与人分享，它的价值便越会增加。"正如他所说，分享是人类的一种需要，会大大增加"分"的人的幸福感，"分"的人会在这个过程中更有收获和成就感，而同时"享"的人也是快乐的，因为他感受到了真爱和支持。正所谓，分享是快乐的一把钥匙，学会了分享，就能够进入快乐的殿堂，让幸福感得以升级和延展。所以，"坏"父母们认为，能在孩子的成长过程中分享孩子的点点滴滴，并能够或多或少参与进孩子的思想感情中去，无论喜乐烦恼，对于父母来说都是一种幸福，对于孩子来说，也是一种温馨。

父母要和孩子一起分享喜怒哀乐，让孩子在分享的快乐中健康茁壮的成长。相信在现实生活中许多父母都想和孩子一起分享喜怒哀乐，但在具体的实践里却往往遇到这样那样的实际困难，或者干脆不知道该如何做，有时候还会弄巧成拙。其实，要做到和孩子一起分享喜怒哀乐并不难，让我们来看看下面这些"坏"父母们的切实建议吧：

首先，"坏"父母们都会尽量增加和孩子在一起的时间，这是和孩子达成成功的分享的基本保证。父母要尽可能多地和孩子相处，相处得多了，自然了解得就多了。父母的爱对于孩子来说是其他任何一种形式的关爱都无法取代的，甚至最慈祥的祖父母和最称职的老师也不行，所以，当父母更多地将自己的关爱展现给孩子，孩子自然会感到由衷的幸福，并且也会愿意更多地把自己的思想感情表现给父母，同父母分享喜怒哀乐。

其次，"坏"父母还需要懂得交流的技巧，父母要多和孩子进行情

感交流。往常的交谈与爱抚是亲子间情感交流的重要渠道。父母们除了询问孩子"吃饱了吗"、"还想要什么"这类司空见惯的问题之外，还要学会用"今天你感觉怎么样"、"你是怎么想的"、"你高兴吗"等问句来关心孩子，即从情感为切入点，让孩子多表达自己的感受，让孩子表达出对一日不见父母的思念之情，并且在这个过程中父母也能学会认真去聆听孩子内心真实的感受。或者有时，在父母真的不得不忙于其他事务时，也建议父母们别忘了给孩子一个歉意的抚摸，这样孩子虽然会失落，却也能够得到慰藉。

再次，"坏"父母们认为这至关重要，那就是父母还要学会倾听孩子的心声。例如：在孩子不愿意去学校时，不要因为上班时间的临近而粗暴地把孩子交给老师，任孩子大声啼哭，那会加重孩子的被抛弃感和分离焦虑。当孩子不愿随老师离去时，你不妨蹲下身子，仔细听听孩子叙述他内心的那个"不"字。这时孩子需要的是你的一个承诺，当然你还需要记住努力去实现它。

最后，"坏"父母们要懂得放手，要尽可能地让孩子投入到群体和伙伴当中。父母要多多建议和鼓励孩子与小伙伴们一起游戏，这是在独生子女的时代让孩子感受手足之爱的好机会。和伙伴的友好交往可以帮助孩子克服和父母、亲人暂时分别的焦虑和孤独感，并且在与小朋友们的交往中学习分享自己的情绪。

其实，"坏"父母们的"坏"反而是不自私的，他们普遍认识到，让孩子学会与别人分享对于孩子们来说非常重要的。孩子的分享行为在如今这个充斥着溺爱的时代中基本不可能是自发生成的，所以大人必须在日常生活中引导孩子去可以培养分享的意识。如：饭后吃水果时，有意识地引导孩子将水果分发给大人，告诉孩子好吃的要和大家分享，还可以尝试着让孩子把好的、大的先给别人吃；有好玩的玩具可以叫上邻家的小朋友们一起来体验；有了好吃的东西也鼓励孩子拿到班级里去跟小朋友们一起吃，让孩子感受到真实的分享，同时也在无形中让孩子学习了礼貌待人。父母最好不要娇惯和溺爱孩子，更不要从自己这里便一切以孩子为中心，无限制、无条件地满足孩子的任何需求，甚至在有别的小朋友在时给予他特殊的地位。应该适当地让孩子明白，他所得的不是理所当然的，而是大家因为爱他而给予他的。在日常生活中，家长要让孩子学会感恩和感谢，学会把自己喜欢的东西拿出来跟家人、小伙伴分享。让孩子从小学会分享，父母还应该对于孩子乐意与人分享的行为及时给予表扬、肯定，这能帮助孩子形成良好的品德。父母的态度不仅决定了孩子是否能学会并乐意分享，更重要的是决定了孩子将来能否用充满爱的眼光看待周围的人和事。

孩子的内心世界是丰富而敏感的，所以我们"坏"父母们认为，作为家长，我们也没有任何理由让孩子去独自承受孤独，我们要尽全力学会与孩子分享。让孩子能够向自己敞开心扉的同时，父母们也应该适当地告诉孩子一些自己的"秘密"，学会对孩子倾诉和分享喜怒哀乐。父母千万不能一味地责备孩子们表现出的叛逆、孤僻，因为此时的他们其实在渴望更多的爱，更多的关怀。父母和孩子一起分享生活中的喜怒哀乐，不但有利于家庭之间的和睦，更有利于培养孩子健全的人格，让孩子在健康快乐的环境中茁壮成长。

"坏"父母妙招

1. 其实孩子也是一个小小的倾听者，做父母的，应该把孩子也当成一个贴心人，而不是总以管理者的身份在孩子面前自居。

2. 偶尔跟孩子说些悄悄话，甚至告诉孩子"要为妈妈/爸爸保守秘密哦"，其实对孩子幼小的心灵是一份温暖的影响。

为实现孩子的梦想，一起努力

梦想，是一个人前进的动力之源，每个人都应该拥有一个梦想，拥有梦想的人是无畏的，也是美丽的，梦想会让人插上希望的翅膀，尽情在想象的世界中翱翔。

喜欢梦想是孩子的天性，只有拥有梦想的孩子今后才更有希望大鹏展翅，成功的几率自然也就更大；让我们想一想，那些没有远大梦想的孩子大多会循规蹈矩，甚至保守终生，许多成功的人士，都有梦想在他们的思想里闪闪发光，指引着他们前进的方向。但既然是梦想，就一定不可能马上实现，可是，众所周知，不敢梦想，也就永远不能实现。所以，"坏"父母们不但要鼓励孩子成为大胆的人，还要鼓励孩子成为有梦想的人，正是有热情的父母，才能培养出有着梦想激情的孩子。

让我们听听下面这位母亲的故事：

我一直都赞许和支持孩子的任何梦想，不管那梦想在一般人看来有多么的不切实际，但我总觉得儿子能够有想法，就说明他的心是灵动的，既然如此，那么一切都有实现的可能。我也始终认为：打造儿子做一个努力实现梦想的成功人士是我的责任。人生只要志存高远，再加上不懈努力，美梦就会成真。我相信，有了人生的信念，再让科学的知识武装孩子的头脑，实际和梦想就不会离得太远。儿子5岁前经常会向我提出各种稀奇古怪的问题，过了两年后，就变成儿子经常给我讲新鲜的事情，因为他认识字了，能自己看书了，并且他非常喜欢看书，手不释卷地读了很多科普书籍。可以说儿子小小的年纪，就已经是上知天文、下知地理了，小脑袋瓜里装的科学知识已经使我这个当妈妈的都望尘莫及了。读书帮助儿子切实地插上了梦想的翅膀，事实证明儿子后来的一些梦想很有科学依据。他曾经梦想开着飞船翱游太空，登月球、火星；也曾在获奖作文里狂妄地说："假如我当上国务院总理……"对这些梦想我都一概采取着赞许的态度，始终作为一个鼓励者和支持者，从不打击他，还认真地与他探讨实现梦想的机遇。我知道妈妈的支持是孩子实现梦想的动力，如今十几年过去了，儿子的很多梦想已经或正在实现。作为母亲，我庆幸自己从小到大一直支持他的梦想；如果我从小打击他的梦想，结果绝不会是现在这样。

看了上面的例子我们应该明白，孩子的梦想是需要支持的，而作为孩子最能够依靠的力量，父母的支持必然是孩子实现梦想的坚强保障，有了父母的支持，孩子的梦想就有了成功的阶梯。

除了在孩子拥有梦想后对他们给予最大限度的支持与理解之外，父母还有责任为孩子指引梦想的道路。作为家长，我们还可以帮助孩子找到一个适合他们人生发展的梦想，无论是孩子还是父母，都可以给自己塑造一个梦想，再共同去实现它，在努力追求的过程中获得感动。"坏"父母对孩子的梦想始终保持着支持的态度，就算孩子的梦想似乎不着边际，连他们自己都觉得不可能实现，但是他们仍然会微笑着鼓励孩子，竭尽全力地做出支持的表情。

那么，在"坏"父母们看来，应该怎样帮助孩子实现自己的梦想呢？

在现实生活中，很多孩子其实都不是很清楚自己的梦想是什么，自己应该在哪一方面树立理想，其实，这是一种盲目行为。有一种东西与梦想有着不可分割的联系，也可以说是实现梦想的一个一个烽火台，那就是目标。目标可大可小，并不像梦想那么缥缈，所以，对于那些一时还找不到梦想的孩子来说，父母们帮助他们制定一些切实的目标，也是有助于孩子找到梦想和方向的好方法，俗话说得好："目标是我们梦想的标杆旗手，指引我们朝着这个方向去奔跑。"

"坏"父母们有着最简单的原则，他们会觉得一个最简单的确立目标的方法便是"喜好目标法"，就是把你自己喜欢的或者想做的事情作为目标来努力向它靠近。父母要成为孩子的梦想的执行总监，梦想是孩子自己的，但实现梦想的道路往往都是崎岖和坎坷的，孩子总是会因为一些因素的变故而放弃自己的梦想，这时，父母就要成为孩子们梦想的督促者，协助孩子朝着自己的梦想始终如一地前行。

首先，在实现梦想的道路上，"坏"父母要始终保持住生活的激情，只要永远拥有向目标奔跑的激情，才能坚持到底，孩子是很容易打退堂鼓的，因为，成功对于他们来说有时并不是那么切合实际。所以，"坏"父母们的"坏招"比如父母可以有意识地在生活中为孩子创造出一些激情的元素，这样才有助于培养孩子持之以恒的动力，比如父母可以在餐桌上说一些名人名家的励志故事，或者来自动物世界优胜劣汰的感悟等，以此激发孩子的前进热情。父母还可以在细节上帮助孩子激发更多的生活的激情。比如：可以允许孩子养一些小白兔、小猫咪等宠物，让孩子在喂养小动物的过程中培养乐观的心态，作为一种情感的释放，更可以帮助孩子解脱心理疲劳，让梦想的道路多一些坦途。

每一个人都有自己的梦想，但梦想却并不一定都能实现。在漫长的人生道路上，许多事情不能如愿以偿，就拿高考来举例，很多父母都希望自己的孩子考上清华和北大，觉得只有这样才能光宗耀祖似的，其实，能考上清华和北大当然好，但清华和北大并不是你想上就能上的，人应该懂得量力而行。所以，"坏"父母们的"坏"就在于不会过分地苛求自己，更不会过分地去苛求孩子，我们千万不要对孩子有过高的期望，因为这种期望有可能成为孩子学习的动力，也有可能成为孩子成长的巨大压力，甚至有时这种压力可能会断送孩子的希望。父母应该以一颗平常心对待孩子，帮助和引导他们正确认识自己、正确认识社会，帮助他们选择适合自己的目标，成功的目标未必是最有价值的那个，而是最有可能实现的那个。所以，父母给予孩子一个切实的期望，才能帮助孩子最有效靠近梦想。

　　此外，每个人都是在寻求生活的快乐，所以"坏"父母们认为，作为家长，我们应该尽量让孩子拥有快乐的情绪，特别是在追求梦想的艰辛的道路上，让孩子能够尽量快乐每一天，才是聪明父母应该做到和想到的。情绪对行动也是有着非常深远的影响的，当我们用以一种消极的心态去完成的时候，我们体验的是更多的疲劳和倦怠，我们也就离梦想的实现越来越远了；当我们用一种积极的心态去完成我们的任务时，我们体验更多的是一种快乐。人往往会因为一件事情造成情绪低落，而连带出一系列的反应，所以，父母要给予孩子快乐的元素，这样，孩子有一个好的情绪，就能达到更高的效率，也能拥有更清晰灵活的头脑。

　　让我们以一位含辛茹苦的父亲在儿子婚礼上的一段话来结束这个关于梦想的话题吧，相信每位父母都能从这些字里行间看到绵绵无尽的爱和期望：

　　"多年前，孩子的梦想是出国留学，我和他的母亲一致满足了他的这个梦想，在异国他乡求学的道路上，儿子不仅实现了自己的梦想，还找到了今天的新娘，找到了下半生可以爱他的那个人。作为父母，我们只希望他们能够在今后的人生中相互扶持，脚踏实地地前行，当有一天他们也为人父母时，希望他们能够比我们做得更好，教育出更优秀的、对社会有用的人……"

"坏"父母妙招

1. 尊重孩子的爱好，哪怕你觉得这个爱好实在太不切实际，或是孩子的梦想很难实现，但请记住，那毕竟是梦想而已，父母应该不去苛求梦想一定实现，而是更看重努力的过程。

2. 父母们如果能够尽可能地创造条件多让孩子和与他有着共同追求和梦想的人接触，就是对孩子实现梦想的最大支持。